這樣學習改變了我

偉人たちのブレイクスルー勉強術

[illegible]上春樹等16位名師帶回家，

[illegible]造專屬學習法，陪你一起練出人生致勝球！

[illegible]孑◎著
KASHI

張智淵◎譯

【序】擁有適合自己的學習型態

突破瓶頸是指，突破停滯不前的狀況；也是意指科學知識等跳躍性地發展或撥雲見日，是一個有希望的字。

學習理應突破僵局，但如果做法不適合自己，就很難突破瓶頸。

這本書是用來發現適合自己的個性、性格的學習方式，突破現狀的啓發集。

或許有人會認爲，又不是學齡期的小孩子，爲何大人會需要「按照性格學習的方法」呢？**然而，正因為是大人，才必須以容易學會、壓力又少的做法，有效率地學習。**

自己的黃金時刻是哪個時段、能夠集中精神的環境是哪裡、採取怎樣的做法會鼓起幹勁呢？因爲自己的性格、習慣改變，是個清楚意識到爲何要進步的大人，所以**如果確立了適合自己的型態，就會突飛猛進。**

如果化爲圖式，就會變成這樣：

適合自己的學習型態⇓持之以恆⇓突破瓶頸

原本學習是對於未知事物的求知欲、自動發自內心的欲望；所以可以說是受到「想學習的欲望」驅動的運動性。

但是不知不覺間，學習從欲望變成義務，從「想學習」變成「被迫學習」。

照理說大學應該是選擇自己想學的學問，自由度高的學習場所，但如今的大學生幾乎都覺得大學是高中的延伸而上大學。雖然不太蹺課，認真向學，但我卻很少遇到有積極主動地想學習什麼、想窮究一件事這種強烈求知欲的學生。

大家從小養成了一種習慣，覺得老師出許多功課，學生完成功課就是學習，所以無法主動學習；無法自發性地思考自己想做什麼，以及如何去做。

孩提時代，父母、學校老師、補習班老師等身邊的大人扮演學習導航者的角色，成爲大學生之後，不再有人告訴你該怎麼做。

因此，**升上大學之後，突然需要自行思考，以自己的意志思考自己必須學習什麼的能力**。

我的朋友當中，有一個人在國外累積了豐富的商務經驗。他一進入社會之後，就開始拚命學習英語。公司內有一個讓會英語的人留學的體系，留學之後，還有在國外一展長才的機會。他努力走上這條路。畢業後，我和他一起旅行時，曾經聽到他以英語說夢話而嚇了一跳。這代表他整天把自己「泡在英語環境之中」。

並沒有人強迫他這麼做。他只是基於自己將來想變成這樣的視野在努力。結果，他成功地留學，經歷派駐國外，也在當地擔任了分公司的副總經理。大學之前唸的書八成也成了他的實力來源，但成爲他開拓人生的直接契機，是出社會之後的強烈上進心，以及志向明確的意願。

以自己的意志學習，並不像在吃固定順序上菜的套餐；而是從菜色豐富的菜單中，以單點的方式搭配選擇自己身體需要的、自己想吃的菜色。

從種種選項中，思考「自己這樣的話ＯＫ」的組合。那即是確立自己的學習型態。若以棒球的投手來說，那就是擁有自己的**「致勝球」**。**一旦練就「致勝球」，將會一輩子受用無窮。**

本書中會陸續介紹各種用來學會「致勝球」的啓發。

工作這條路是否走得寬廣、人生是否過得精彩，全都取決於學習。努力學習的態度和生活型態相通。

村上春樹對於學習也寫了這樣的一段話：

我從小學到大學，除了極少部分之外，我對於學校強制學習的事物，幾乎都不感興趣。（中略）我是在設法經歷了政府規定的教育體系之後，也就是變成所謂的「社會人」之後，才開始對學習感興趣。若以適合自己的步調、自己喜歡的方法，追求自己感興趣的領域的事物，就會極有效率地學會知識和技術。好比說翻譯技術，我也是像那樣以自己的方式，自掏腰包一一地學會。所以在有個樣子之前，花了不少時間在錯誤中摸索，但學到的事情全部都是自己的。——《關於跑步，我說的其實是……》

以「適合自己的步調」「自己喜歡的方法」追求—能夠這麼做，正是大人學習的況味。

「自掏腰包」學習也是大人學習的重點。

如果能夠發現適合自己的做法，將會樂在其中，增加自信，長久持續，而且將有無限的可能。

每個人都需要適合自己的學習型態。

這樣學習改變了我

把杜拉克村上春樹等 16 位名師帶回家，
為你量身打造專屬學習法，
陪你一起練出人生致勝球！

齋藤孝◎著
張智淵◎譯

CONTENTS

第二步 這樣學習改變了我

第三步

齋藤式9種不敗學習法

—第1步—

掌握屬於自己的學習法，人生豁然開朗！

覺得自己不擅長的原因在於「做法」

我最近開始接觸大提琴。

這輩子原本已經放棄「演奏樂器」了，但在**年近五十的這個年紀開始學習，反而找到了一條出路**。畢竟沒有今後要非常厲害，成爲演奏家或老師的野心。只要能夠演奏喜歡的曲子，樂在其中就夠了。這麼一來，上課方式也立刻變得自由。

基於自己的個性思考，我覺得去音樂教室上課本身就是一件麻煩事，所以決定請老師來家裡。而且是三週上一次課的緩慢頻率。**比起突飛猛進，能夠樂於學習地持之以恆更重要**。

一開始做完基礎練習之後，老師問我：

「有兩種學習方法。你要從基礎穩紮穩打呢？還是想快點能夠演奏曲子？」

我二話不說地回答：「請老師讓我快點能夠演奏喜歡的曲子。」

說到之前爲何放棄演奏樂器，那是因爲小時候受到拜爾挫折。不擅長腳踏實地累積單調的基礎練習的我，如果不一一練熟無聊的練習曲就不能進入下一首的方式，對我而言簡直是一種折磨。結果在家都不想練習，所以去上課也遲遲過不了關。在知道彈鋼琴的樂趣之前就對上課生厭，於是放棄了學琴。

從此之後，我一直認爲彈奏樂器是只有能夠忍受那種基礎練習的人，才能進入的特殊領域。

但是這次的「五十首練習曲」不用每天刻苦練習，只要在有空的時候練習即可，不必痛苦練習枯燥的基本功。老師馬上就讓我演奏喜歡的曲子。幸虧老師採取這種通融的教法，所以課程完全沒有對我產生壓力。

此外，老師會誇獎我「因爲你看得懂譜，所以進步得很快」，令我更有自信，所以指尖按絃的刺痛也能夠忍受。哎呀，有趣、眞有趣。我迫不及待下一次上課。

仔細一想，我從前受不了的是拜爾那種「學習方法」，彈琴本身並不痛苦。我並不是不適合練琴，而是不適合拜爾那種學習方法。近幾年來，鋼琴的教導方法好像也有所改變，不再只是拜爾這個單一選項，如果是不同的學習方法，說不定我也能夠更樂於彈琴。

即使做什麼力不從心，也未必是沒有該領域的天份，經常只是「做法」不適合自己而已。儘管某一種做法不適合自己，也不見得自己沒有那方面的才能。或許用別種方法就會更順利。

這不只適用於才藝，更適用於所有學習。

如今是多元化的時代，學習事物也有各式各樣的方法。

就算在學習的路上受挫，也不要消極地認為是「自己不適合」或「我沒有這種才能」而放棄，換個想法覺得「只是這種做法不適合我而已」，就可以免於情緒低落。只要尋找其他做法、適合自己的做法即可。天底下沒有「不適合學習的人」。**只是你還沒找到適合自己的學習方法而已**。

你為何學不好英語？

樂天和UNIQLO發表，要將英語作為公司的官方語言。今後想必會有更多企業陸續提出同樣的方針。如此一來，人們會越來越迫切地需要具備英語能力。

在此之前，也有非常多人努力精通英語。包含教科書等各種教材、語言補習班、語言留學、英語檢定和TOEIC考試等，如果計算全日本花費在學習英語的所有精神和總費用，一定會是一個非常可觀的數字。

現實是儘管為數眾多的人像這樣投注精力，奮力學習，實際上學好英語，運用在工作上的人卻少得可憐。

今後，不難想像人們對於學習英語的焦躁情緒和壓力會日益加劇。

那麼，該怎麼辦才好呢？

話說回來，明明從國中就幾乎每天學習英語，爲什麼還是說不好英語呢？

你之前之所以英語學得很辛苦，是因為你沒有策略，用適合自己的學習法學習。

運動選手必須得到好成績，所以除了體魄強健之外，思緒也很實際、積極。

他們經常思考自己的擅長招數是什麼、弱點是什麼，該怎麼做才能贏的戰術、策略。

有的運動選手在比賽前的採訪中說「我沒有具體思考要怎麼比賽，只是拿出所有練習的成果，全力以赴」，但他們不會不思考自己要以什麼爲武器，以哪種策略比賽，就正式上場參賽。他們一定會確實研擬比賽對策。

像是棒球或足球這種團體比賽的選手也是一樣。因爲自己能夠獲得哪種成績會直接影響到團體和自己的去留，所以越強的選手、越優秀的球員，越會仔細思考自己的武器是什麼、該怎麼做才能獲得好成績，而不只是悶著頭鍛鍊身心，磨鍊技術。

學習也是一樣。

自己有哪種進攻手段呢？爲了決定自己的作戰型態，必須思考該磨利的武器是什麼。

做法有千百種。其中，要確定**「自己要以這種招數進攻」**，打出**「致勝的一擊」**。

勝利的女神將會對徹底鑽研進攻方式的人微笑。

我問一名在高中一年級，TOEIC（滿分是九百九十分）考九百分的人：「你是怎麼唸書的呢？」他說，他會買官方的問題冊回來解題，將自己需要的語句匯整於筆記本，製作自創的單字慣用語冊，然後反覆練習，直到能夠瞬間反應，運用自如爲止。

他做的事是解題、製作筆記、反覆練習，所以並非特別令人耳目一新的做法。這屬於腳踏實地的學習法。不過，他做筆記和反覆練習的方法是他才辦得到的「技能」。

他的致勝法寶是那本筆記本。而他的戰術是基於官方的問題冊，製作自創的單字慣用語冊，然後反覆練習，直到「把它讀到滾瓜爛熟就萬無一失」爲止。他透過這一連串的過程，磨鍊技能。

學習也和運動比賽一樣，確切看清自己的武器是什麼，並且予以有效運用的人才能成功。

這個人今後不管是考大學，或者是考其他證照，應該也能以這種做法突破難關。

換句話說，那會成爲他一輩子學習事物的型態。

因此，**擁有自己的致勝招數和戰術，等於是領略了「獲勝的定律」**。

何謂適合自己的學習法？

反過來說，如果沒有致勝招數，就無法研擬比賽對策，以及戰術，導致且戰且走，有勇無謀地挑戰。

那麼，該怎麼找到自己的進攻手段呢？

不妨試著思考從小是怎麼學習的。**試著回顧自己的方法的毛病、行為模式、思考傾向**等。

舉例來說，想背什麼的時候，**怎麼做比較容易背起來呢**？

雖然大腦的機制有其特性，有人擅長短期記憶，有人擅長長期記憶，但「這麼做比較容易背起來」的方法會因人而異。

就我自己的經驗來說，我認爲朗讀是容易深植腦海的方法，但有人說：「我覺得內容會跟聲音一起跑出腦外，所以背東西的時候，我一定要默唸才行。」似乎是因爲精神都用在唸出聲音這件事上，大腦沒有運作，所以意思沒有進入腦海。

有人要坐在書桌前面，有人邊走邊背比較容易背起來。而我則是要「躺著的人」。如果好好坐在書桌前面，我就會感到鬱悶。相較之下，隨地躺下來讓身體處於放鬆的狀態，腦袋反而比較靈光。

除此之外，有人會透過抄寫記憶。相反地，有人會埋首專注於抄寫，而使腦袋停止運作。

製作筆記的方式也很分歧。有人在親手匯整筆記的過程中會整理思緒，內容有條不紊地進入腦中，而有人則是以匯整漂亮的筆記這件事爲「主」，心思反而沒有用在掌握內容。

我的高中同學當中，有人會用好幾種顏色的筆把筆記寫得漂漂亮亮，但考試成績並不出色。我問他「你的精神會不會太過集中於寫筆記了？」他說「我也這麼覺得，可是一做起筆記就停不下來了」。

喜歡製作漂亮的筆記這件事，滿足於筆記做好了。這種人還眞不少。明明只是把筆記寫得漂漂亮亮，就自以爲唸了書，陷入唸好了的錯覺。這是一個危險的陷阱。

不過，確實有種人能夠透過做筆記而完全理解。讀大學的時候，有人給我的感覺是「他看起來呆呆的，腦袋也不靈光，爲什麼這種人會考上東大呢？」但有一次，他給我看上課筆記，令我大吃一驚。內容非常一目了然，而且字跡工整。大家都說：

「這簡直可以直接當作參考書賣了。」他雖然不是舉一反三的那種人，卻是擅於匯整筆記，理解能力、整理能力一流，能夠透過書寫記得一清二楚的人。

我觀察身邊的朋友發現，東大生不見得個個都是聰明絕頂的人。也有像我剛才說的那種人。

不過，所有人的共通點是**都擁有自己的獨門絕活，並且磨鍊得爐火純青**。總之，大家的強項是在考大學的時候，成功地將自己的武器化爲技能。

我的獨門絕活、致勝關鍵是什麼呢？我想，應該是「透過說話記憶」吧。一般人都是獨自唸書準備考試，但我會跟朋友搭檔唸書。透過訴說記在腦中的內容，使知識深植腦海。檢查對方說的話，然後邊說邊記。如今，我之所以在課堂上或演講中講再多話也不會累，我想，基本上是因爲我喜歡說話，再來就是我將學生時代的這一招化爲技能，強化了這項能力。

針對記憶來說，也有人會將內容搭配位置記憶，像是看完書之後，記得什麼內容寫在那本書的中間頁數右邊算來的第二張圖表。我也有這種習慣，看書時會用三色原子筆將重要的地方一圈又一圈地圈起來、框起來，或者標上「◎」這個符號，因爲這麼做具有進一步加深印象的效果。

也有人擅於記得事情，像是誰在什麼時候、以怎樣的順序說了什麼。這種人大多是「重視經驗更甚於知識」的實務派。

此外，**你在什麼地方能夠集中精神呢**？

有人覺得獨自閉關在自己房間最好，有人喜歡像圖書館那種令人心情平靜的安靜空間。最近，我越來越常看到有人在咖啡店唸書，而有人則是在有音樂或人聲嘈雜的地方，反而比較容易專心。

我也算是這種人。我經常在咖啡店唸書或工作。說到這個，我想到從小我就不曾坐在自己房間的書桌前面唸書。我總是在客廳的茶几唸書，或者身旁有家人，邊看電視邊「一心二用」。如今在家的時候，我在客廳看校樣或看書的時間也相當長。周圍有人的動靜，但是各做各的事，這種環境讓我覺得很舒適。

接著，**要試著思考你在什麼時候會鼓起幹勁**。

說到這個，像是雖然無法持續上補習班，但是不知道爲什麼，函授課程會提高你的學習意願。

或者雖然不喜歡上英語課，但是愛背英文歌的歌詞。

又或者級數或段數晉升會令你努力向學。

如果以「相較之下，我屬於A或B？」這種方式思考各種面向，就會清楚瞭解自己的性向。舉例如下：

■「如果是學鋼琴，我會從拜爾奠定基礎」or「一下子就挑戰喜歡的曲子」
■「上補習班派」or「密集接受模擬考派」or「請家庭老師派」
■「圖書館派」or「咖啡店派」or「美式餐廳派」
■「適合自習」or「一個人就成效不彰」
■「自己的房間」or「在客廳唸書」
■「喜歡朗讀」or「喜歡默唸」
■「喜歡反覆練習」or「討厭反覆練習」
■「喜歡把筆記寫得漂漂亮亮」or「亂記一通派」
■「朗讀派」or「抄寫派」
■「喜歡預習」or「喜歡複習」
■「馬拉松式學習法」or「短跑式學習法」……等等

再次將自己的這種特性寫在紙上。以哪一種方法學習較爲順利，就是適合自己的學習方式。無法自覺到自己「致勝招數」的人，一定也會從中獲得啓發。

「適性」對於學習也很重要

任誰都有適合或不適合的事。如果無視於個人的個性或特質，就很難獲得成果。

就算別人說「最好早起在早上的時間唸書」，有人的體質就是早上爬不起來。其實用不著感到沮喪，覺得「自己是個無法早起唸書的沒用傢伙」，「只是早起唸書法不適合你而已」。每個人一天都有二十四小時，只要在其他時段好好唸書就行了。

我認為，我們對於學習方式是否適合自己的特質太過漫不經心。

很多人喜歡用血型或出生年月日判斷運勢或分析個性。然而，即使認同「原來我是這種人」，卻不會好好思考「我應該適合這種學習方式」或「如果採用這種做法，我就能把書唸好」。其實最重要的是如何將分析結果運用在現實生活中。

如果說「我個性上不擅長這種事」或「我是這種人，所以那種事情絕對辦不到」，自己築起一道牆，局限了發展性，未免可惜。

基本上，唸書和學才藝不是一件有趣的事，無論自己的個性、特質為何，往往就會認定好像要以修行的心情求學習。

就某種層面來說，那確實是眞理，而且學習具有培養耐性或堅忍不拔的精神的意義。然而，**與其勉強自己去做不適合自己的事，使得自己更討厭那件事，不如下一番工夫找出比較不會抗拒的做法，使自己不會感到討厭或痛苦，如此一來，會更有意義許多**。

我從前常把「性情」「適合個性」掛在嘴上。適合自己個性的事，做起來就不會痛苦，能夠持續下去。

要全心投入某件事，找出適合自己個性的學習法非常重要。對於學習，我認爲，應該思考自己的特質，冷靜地釐清適不適合，然後更具體地思考「適合自己的做法」。

以相親的方式下定決心

我曾經在大學，請學生帶來「自己因爲它而學會了○○」，對自己而言像是紀念碑一樣的參考書或問題冊，訴說關於它們的事。

「我因爲遇見這本問題冊才想唸書，所以把它弄得這麼破破爛爛。」學生們各自訴說自己的心情。看到平常安靜的學生激動地娓娓道來，相當有趣。

自己迷上了哪一點呢？一般不會有機會說出那種自我分析，**透過向別人說明，能**

夠重新在腦海中整理過程，意識到且瞭解到自己隱藏在背後的性向。

有同學說：那本參考書作家的解說方式、構思方法、思考方向令我茅塞頓開。從教科書本身學到的知識倒是其次，我可以說是受到那位作家的「感化」。

有人說：英語的單字＋慣用語集《DUO》如今十分暢銷，因爲它的例句很棒，所以讓我學好了英語；字典上只會有讓人覺得「外國人絕對不會這麼用，跟不上時代」的例句，但這本書的例句既實用又有趣，所以讓我產生學習的動力，除了單字和慣用語之外，連例句也背起來了。

還有人說：山川出版社的《世界史用語集》是準備教師招考的「必看參考書」。各個用語的前面標示著小數字，譬如寫著「5」就代表它出現在五種版本的高中參考書中。出現在越多教科書中的用語，數字越大，所以一看就知道它的重要程度。其中也包含了「1」，也就是只出現在一種版本的教科書中的用語，如果連這種等級的用語都會的話，應付高中的世界史鐵定萬無一失。

有感情的參考書和問題冊適合自己的那些部分，到頭來都像是用來判斷是否跟自己合得來的依據。

就這個層面來說，**必須當作是在「相親」，多多嘗試各種版本，找到適合自己的參考書和問題冊。**

必須認眞地深入交往看看，才會知道適不適合自己。不是聯誼，而是相親。聯誼是抱著「如果有好對象就交往看看」這種輕佻的心情，而相親則是站在「以結婚爲前提交往」這種立場。兩者之間的認眞程度有所不同。

假如透過相親方式，覺得挺不錯的話，就以「我要和這個人結婚」「和他共度一生」的打算，面對那本參考書或問題冊；**下定交往到底的決心**。

和使你不幸、交往不順利的對象和平分手，再次尋找眞正適合自己的對象。至於爲何要和平分手，是因爲哪天說不定有可能再續前緣，和對方重新交往。

像這樣挑選參考書，會自覺到自己的擅長技能，發現自己的學習型態。

失敗不算什麼。**過去失敗的做法，一定會對於瞭解自己有所啓發**。

我不想做「基本問題冊」

我自己在學習這條路上幾經挫敗。

因爲我選擇了一輩子做學術研究教授的這個職業，所以或許有人以爲我從以前就喜歡學習，但我小時候很討厭唸書。如同前面也提到過，我討厭反覆樸實的練習，所以老在思考有沒有方法跳過練基本功，或者能夠輕鬆克服的方法。我喜歡思考各種學習的方法。

然而，學生時代必須孜孜不倦地用功讀書，才有可能把書唸好。俗話說欲速則不達，我的人生因此繞了好大一圈。

我天生是有點過度自信的人，對於能夠輕易做好的事就提不起勁去做。像是「從基礎學△△」「簡單的○○」「一下就懂的××」這種書名的書，我全都討厭。

國中時，學校發的數學作業，那本問題冊的書名也叫《基礎問題冊》。看到那本薄薄的冊子，不屑地心想「這什麼玩意兒？基礎？開什麼玩笑，我最討厭基礎這種東西了」，一題也沒做。

但「還是得寫這種難度的問題冊才行」，就去買了一堆市面上厚重問題冊，覺得光是買書就達成了預期的目的，實際上也沒寫幾題，這就是我討厭唸書的地方。

結果期中考考得淒慘無比，心想大事不妙。問交情好的同學考前都唸了什麼，同學說「你有寫學校發的這本問題冊嗎？只要寫完這本，應該就足以應付考試了」。

我半信半疑，心不甘情不願地寫那本問題冊，結果期末考意外考得很好。不愧是「基礎問題冊」，只要寫完就會了。話說回來，如果想到那是學校發的問題冊就應該察覺到這一點，但我對此卻很遲鈍。

回想起來，我從小學就對厚重的問題冊感興趣。有些問題冊叫做《增強實力的

５０００題》《得心應手》，其厚重和振奮人心的書名會讓我覺得「哦，這個看起來不錯」，而掏錢買回家。

一開始鬥志高昂，所以會卯起來寫，但是無法每天持之以恆。**挑戰厚重的問題冊需要毅力，但我沒有那種毅力。這不適合我的個性**。

結果，《增強實力的５０００題》解不到五十題就放棄，《得心應手》也寫不到整體的百分之五，根本沒有變得得心應手。

明明有過這種經驗，但我在國中又重蹈覆轍。我對「基礎」這兩個字感到抗拒，只能說是天生的性格。

我在唸書準備考大學時，猶豫要選哪一個版本的世界史參考書，結果又失敗了。

在我參加考試的年代，據說山川的世界史參考書最好。但在我唸的高中，世界史用的是別的版本的教科書，所以我特地跑去買了山川的教科書。可是，這反而造成反效果，沒有鎖定基本的教科書，使我兩頭空。如果我先讀好學校的教科書，然後再以山川的教科書補強就好了，但我貪多嚼不爛，一樣也沒唸好。

我並不是沒有幹勁。千方百計地思考方法。只是沒有腳踏實地唸書，所以總是淪爲空想，沒有行動。結果老是白做工。

失敗的法語會話課

長大成人之後，也有令人痛恨的失敗。那是我唸研究所時的事。

當時，我因爲致力研究的主題，有必要學習梅洛龐蒂（譯註：Maurice Merleau-Ponty：法國身體現象學哲學大師。）的思想。我心想：身爲研究生，最好看得懂原文書，依照需要以法語引用說明，如果可以的話，最好具備聽和說的能力；於是決定到Athénée Français補習法語。

我在考研究所時學過法語，所以覺得應該總有辦法銜接得上，但我似乎選錯了課程。我上的課程以女性居多，一旦課堂上要討論，那些美麗的太太和小姐們便以流暢的法語聊起哪一道法國菜的味道如何、哪裡產的某某紅酒如何，大肆展現她們對於菜餚和紅酒的深厚造詣。

我即使多少看得懂法語，但是對於菜餚和紅酒的知識是零，而且從來沒有練習過聽力，所以聽得一頭霧水，完全跟不上話題。法籍老師點到我，我也說不出半句話，心裡又羞又急，臉都丟光了。

我因此受到心靈創傷，這輩子再也不想說法語了，如今一回想到當時的事，就會陷入自我厭惡。

她們想要進步的法語和我想學會的法語雖然一樣都是法語，但本質上卻截然不同。我沒有必要會那種對話，也沒有足以搭腔的天份，但我當時沒有看清這一點，心中抱著壓力持續補習了半年之久，眞是笨得可以。

隨著進行重要的研究，我越來越清楚，自己沒有必要會法語對話，也沒有必要說法語要帥。

雖然適不適合也是一個重點，但**該如何學習什麼，會隨著「為何必要」這個目的而改變**。如果弄錯這一點，到頭來只會白忙一場。

幾年前，朋友說他開始學法語。他非常喜歡紅酒，想去法國旅行，到處喝紅酒，所以希望能在當地針對紅酒與人交談。我之前上的課，再適合這種人也不過了。

是需要，還是喜歡？

思考該如何學習時，必須事先弄清楚學會那件事是基於「必要」，或是「喜歡」。

有一種學習方式是高興就好。像我的大提琴課就是如此。

這種**學習方式並非以精通為首要目的**。而是做那件事很開心，**喜歡樂在其中的自己**。

舉例來說，有一種人會寫「薔薇」「髑髏」等困難的漢字，就會覺得很開心。會寫這些字對於工作上八成沒有幫助，但那不重要。只要從中感到喜悅的人珍惜那種感覺，繼續享受那種成就感就夠了。我覺得拚命準備漢字檢定也很好。

也有人喜歡加深歷史或古典文學等涵養，他們會對於自己內心充滿求知欲感到開心。因爲自己對於佛羅倫斯的歷史知道這麼多，或者接觸《源氏物語》《萬葉集》或《論語》，會令他們感到愉悅。

除此之外，像是武術或技藝等，乃至於更偏向嗜好的才藝，只要當事人樂在其中，別人也不必多嘴，只要非常開心地去做即可。

像是雖然稱不上厲害，但在上課的地方交到朋友，和同好來往很愉快，或者明明能力不怎麼樣，但從成果發表會中獲得無比樂趣。如果喜歡，就有繼續下去的意義。

如今回想起來，如果我有本事在Athénée Français向美女搭話交朋友，說不定就能享受那段時光，別有一番收穫，但我連那種勇氣也沒有。因爲上課內容與我的目的不合，過程又不愉快，所以唯獨挫折感沉積在心中。

既不「需要」又不「喜歡」，這種半吊子的心態最要不得。

抱持「總有一天會有用」的想法，永遠學不好

經常有人是因爲「覺得連一點英語也不會說好遜」或「先學起來或許會對什麼有幫助」這種不積極的動機，學習英語。他們會以「總覺得會英語挺好的」這種感覺，覺得有學總比沒學好。過一陣子一問「還在學嗎？」他們大多都會回答「不，沒學了」。

即使以像大雄一樣的悠哉態度，抱持「如果會英語的話就好了」這種隨便想想的願望，也沒有哆啦A夢陪在你身旁。

我不會看過有人以「總有一天或許會有用」這種想法學好什麼。

若是增加涵養的學習，或許「任何學習都有某種用處」，但**在學語言的情況下，如果不訂定「為了什麼，我想學到哪種程度」這種目標，絕對學不好。**

- 看得懂就好了嗎？
- 希望會寫嗎？
- 能夠進行日常對話就好了嗎？
- 必須立刻聽懂或說出專業的內容嗎？

必須事先釐清目的。尤其是對話，如果沒有某種程度的必要性，就不可能會進步。

我認爲，準備英語檢定、TOEIC或TOEFL等考試，是一個提升學習動機的好方法。不過，覺得「姑且先考取一級，應該能夠用在什麼地方」，和「清楚知道自己是爲了什麼目的而想讓英語進步」之間，在進步速度和維持學習意願上還是會出現莫大的落差。

擅長爲了準備考證照而唸書，以及學會派得上用場的英語之間也有所不同。眞心想要會說英語的人，對於學習英語具有強烈的動機，像是有迫切的必要性，或者有從內心湧現的熱切渴望等。

此外，**這種人會克服我不擅長的想法，使自己「愛上」英語**；主動從「趕鴨子上架學習」轉換成「自動自發學習」。因爲「需要」，而且「喜歡」，所以去做。

沒有這種動機的人，無法徹底鑽研，眞正地將英語運用在工作上。

如何下定決心？

當你在思考，在自己的一生當中，是否眞的需要高度英語會話能力時，也有可能不是消極地覺得「反正我學不會」而放棄，而是**策略性地認為「不學也沒關係」**。

從前，一位專業口譯員曾經給過我這種建議：

「我常跟大學的老師說：老師們平常都以日語授課，沒有幾個老師具備能以英語教授一樣課程內容的語言能力。那不只是語彙的問題，還包含了發音、語調、表達等所有語言能力，所以除非經過相當程度的練習，否則很難做到。我覺得，與其冒著勉強自己說英語，做出違反自己意思的傳達方式的風險，不如乾脆換個想法，認爲需要演講時請口譯員比較好。畢竟，我們是爲此而存在。」

的確，立刻聽懂或說出專業內容的能力，不是臨陣磨槍就能學會。而且就我來說，並不是經常有必須以英語傳達的機會。就必要性而言，這種能力的優先順位並不高。

倘若如此，我會乾脆在「那種時候請口譯員」，把學習英語的時間和精力花在學習其他事物，如此一來，會更有效率許多。

我們認爲把不會的事情變成會就是學習，費盡心思地設法學會，但有時候也必須客觀地判斷，不要浪費自己的時間去做這件事。歌德多才多藝，精通多國語言，但他堅持只以德語「寫作」。

這麼做並不是放棄不擅長的事。而是下定決心，決定自己要做什麼、不做什麼。

下定哪種決心，等於是決定如何生活。學習型態也會普遍反映在如何工作、生活型態上。

考試經驗是一項資產

唸好書的學習法，必須基於三個重點。

1目的為何？

2做法是否適合自己的個性和特質？

3是否有「致勝招數」？

若是欠缺任何一點，就難以達成目標。

請先確切意識到這一點。

舉例來說，像是唸書準備考大學，學生如果掌握這三個重點，成績就會進步非常多。

我認爲，**考試經驗是一項資產**。

在考試這個公正的架構中，自己的學力會受到測試。若是沒有達到一定的學力，就無法學習自己喜歡的事物，所以要在這種迫切感中下定決心。

我必須重考時，大受打擊，彷彿對自己的自我認同發出聲響，分崩離析。當時，我才深切地體認到，必須改變之前對待學習的態度，因而發憤學習。

要思考為何要上大學、為何要唸書的目的，以及閱讀克服逆境的人寫的書，對其心理狀態產生共鳴，並且思考自己該怎麼做才會想唸書，除此之外，光想是不夠的，還要付諸執行。

任誰都能耐性地做喜歡的事。如果是喜歡的書，再多我也看得下去。在高中的社團活動，我有能夠承受艱辛訓練的毅力。於是我想通了，這次只要將這種耐性和毅力發揮在唸書準備考試上即可。反正既然非克服這道難關不可，只好奮戰到底了。

沒有人天生「學得會」「學不會」，耐性和毅力是指：設定目標，勇往直前，不辭辛勞地讀到滾瓜爛熟；即使沒有立刻獲得成果也不氣餒，這些能力必須透過一般訓練練就。對於自己學不會這種狀態，為了練就不要失去希望，繼續努力下去的能力，唸書果然是一個好方法。

結果，**我因為必須重考，對於唸書產生了耐性和毅力。從此之後，唸書再也不是一件苦差事。**

就這個層面來說，可以說是「準備考試塑造了我」。

後來，我又進入研究所，度過身為研究生任由指導老師差遣的漫長歲月，進一步鍛鍊了那種能力。花好幾年的時間鍥而不捨地思考一個主題；一天唸書十三個小時的過程中，「不屈不撓」自然而然地成了我的個人特色。

學習、精通什麼的過程中，會有許多瓶頸需要去突破。一旦突破瓶頸，視野就會豁然開朗，眼前的景色爲之一變。克服之前，會覺得阻擋自己去路的是一堵厚實的牆壁，但事後回想起來會發現，**克服那項阻礙的方法當中，存在著自己成長、成熟的啟發**。

我在課堂上請學生帶自己有感情的問題冊和參考書來互相介紹時，有學生說「我把準備考試的所有東西都丟掉了」。我說：「你眞浪費。」

我懂他不想再看到它們的心情。然而，投入自己最大精力的物品對於當事人而言，是一種寶物。其中除了記載著知識和資訊之外，應該也濃縮著自己進步的軌跡、成長的證據。

過去學習的紀錄不是用過即丟的資訊殘骸，而是你的「**進步軌跡**」。

我喜歡閱讀人物傳記；尤其對該人物的轉捩點深感興趣。

這個人是因爲這種契機而更上一層樓，並在突破瓶頸時產生了怎樣的「變化」。我對於接觸這種故事，深感興趣。

從這種角度來看，漸漸知道「噢，原來這個人是從這裡開始塑造自己的型態」也很有趣。並且能夠從中找到成功的啓發。

接下來要說的故事，訴說著他們是如何克服難關，建立自己的學習型態，給大家作爲參考。

— 第 2 步 —

這樣學習改變了我

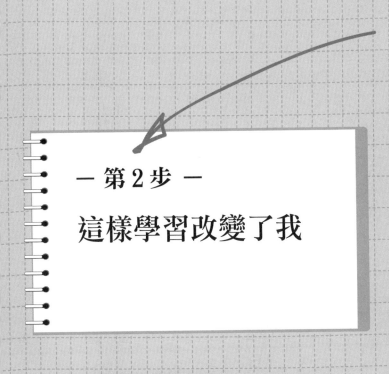

No.1

獻給雖有幹勁，但無法切身感受到成果的你

杜拉克
目標管理&命名思考術學習法

杜拉克對於學習也會計劃性地進行個人管理，執行「行動計劃」。此外，他是一位會替身邊的人一知半解的事情「命名」，總是看透事物的本質，並將它化為語言的名人。

九十五歲仍在尋找新的主題

人稱彼得・杜拉克為現代經營學之父。他的學習方法當中，有許多能夠作為範本，**我想先舉出的是他永遠不失求知欲的態度**。

杜拉克在晚年九十五歲時，說了這樣的一段話。

除了工作之外，我每年都會尋找新的主題，花三個月密集地學習。我在二〇〇四年致力於明朝的中國美術。我明明對日本的水墨畫知之甚詳，擁有許多收藏品，但對影響日本甚鉅的中國卻不太瞭解，因此有了許多發現。

除此之外，我還會訂定三年計劃。幾年前結束的是仔細地慢慢重讀一遍莎士比亞全集。繼莎士比亞之後，我埋首於巴爾札克的代表作《人間喜劇》系列。

《知識巨人——杜拉克自傳》

我說「我的字典裡沒有『退休』這兩個字」，一直持續在大學授課，並且從事出版活動，除了這些工作之外，**以三個月、三年為期限，按照「活動計劃」計劃性地持**

續學習。

在現代這種知識時代中，每一個人都是主管，管理不好自己的人不可能管理屬下或同事；杜拉克如此訴說自我管理的重要性，我認爲這正是他的學習型態。

永遠訂定目標期間，是用來繃緊神經和維持幹勁的重點。學生時代，爲了準備期中期末考、模擬考、小考等，總是被人設定了期限，處在這種氣氛中，會有一種非做不可的急迫感，但長大成人之後的學習，基本上沒有什麼時候非做不可的期限。

舉例來說，像是報考TOEIC，一年有八次考試。如果自己想「延到下次再考」，就能往後延。因此，對自己的縱容、放鬆、自我管理的鬆懈，就會阻礙進步。

要像杜拉克這樣訂定具體的「行動計劃」。

1設定目標

2訂定期限

3朝實現目標，具體地調整

弄清楚短期目標和長期目標也很重要。如果想在三年後達到這個水準，就能倒推今後一年該做的事、這三個月該做的事、今天該做的事。

目標除了要在心裡想之外，還要寫在醒目的地方。像是寫在月曆、記事本上，或者以小工具設定在電腦中，下一番工夫一一寫下來，好讓自己隨時意識到目標也很重要。

「行動計劃」的雛形源自於小學時代

教杜拉克設定目標，朝目標努力邁進這種做法的人，是他的小學老師。杜拉克在八歲時轉學，他在新學校遇見了艾爾莎和蘇菲這兩位女老師。她們兩人是一對姐妹，杜拉克深受這兩位老師的影響，令他永生難忘。

艾爾莎老師是校長，也是杜拉克的級任導師。她擅長發現孩子的強項，並且使其發展。

「彼得，你有好幾個強項，但有一個沒有獲得發揮。你知道是哪一個嗎？」

我搖了搖頭。

「作文。你明明很擅長，但卻很少練習對吧？你要把練習作文當作今後的目標之一。」

她會以這種方式，讓彼得針對閱讀、拼字、寫字、數學訂定目標，寫在筆記簿中。如果學生有尚未發揮的潛力，她就會執著地啓發學生。

我身為企管顧問，給企業家的建議是「不要關注做不到的事，而是要關注做得到的事」「實踐目標管理」。就這點而言，艾爾莎老師終究是我比不上的先驅。（同前）

艾爾莎老師會具體地指定課題，像是一週寫兩篇作文，每週和彼得討論寫得如何及下週的計劃。

蘇菲老師是繪畫老師，採取重視感性的教學方式。她會默默地在一旁看著學生按照自己喜歡的方式畫圖，有必要的時候才稍微協助或給予引導。

杜拉克說：艾爾莎老師是「計劃性地傳授學習技能的『教育學者』」，而蘇菲老師則是「僅以微笑默默帶給學生感動的『教師』」。

此外，杜拉克還用了一種有趣的形容，他說：艾爾莎老師採取「蘇格拉底的教學方式」，而蘇菲老師採取「禪僧的教學方式」；他說：總之，**遇見這兩位老師，使我明白了學習的樂趣**。

取得法學的博士學位之前，杜拉克也完全沒有到大學上課，以艾爾莎老師教的方法自學。

訂定目標，安排日程，執行計劃——杜拉克後來稱之爲「行動計劃」，建議作爲以管理獲得成果的習慣之一，其雛形源自於艾爾莎老師的教導內容。

看透事物本質的命名天份

杜拉克另一個讓我想作爲範本的學習方式，就是他的「命名」天份。

杜拉克是一位會替概念命名的名人。

據說使「管理」這兩個字成爲商業界固定用語的人是杜拉克。雖然管理在那之前也被作爲詞彙使用，但將企業經營爲何物系統化，提出這就是「管理」概念的人是杜拉克。

「企管顧問」如今是當紅的職業，這個詞也是杜拉克命名的。

有一家世界知名的顧問公司叫作「麥肯錫」。管理這家公司的馬文・鮑爾找杜拉克討論「該怎麼稱呼麥肯錫呢？」杜拉克提議「企管顧問」。麥肯錫這家公司早已成立，給了企業各種建言。不過，當時還沒有簡潔表達該業界的名稱。

在那之前，奇異照明（GE）公司試圖改革時，曾找杜拉克討論，思考該怎麼稱呼提議進行改革、編寫報告書的部門。於是，杜拉克和GE當時的副總經理——哈洛・史密迪一起想出「企管顧問部」這個名稱。

麥肯錫也以團隊從事那種工作，所以杜拉克說這種業種是「企管顧問」，麥肯錫在獲得這個名稱之後，成爲一個做什麼非常明確的組織。

後來，這個名稱一下子傳遍了全世界。

對於大家一知半解的事物，杜拉克會迅速命名，提出概念。這即是他的強項。

除了「管理」「企管顧問」之外，像是「目標管理」「分權化」「民營化」「知識工作家」等詞彙，也是杜拉克明示的概念。

爲何美國的大企業不斷向杜拉克尋求建議呢？

我認爲，那是因爲**杜拉克具有敏銳看穿別人容易忽略的本質的觀點**。

杜拉克並沒有思考標新立異的名稱。他並非找出之前沒人聽過、帶給人強烈衝擊的詞彙，而是擅長將直搗事物本質的意涵概念化，令人不禁想說「噢，原來是這麼一回事啊。我懂、我懂」。所以才會容易成爲固定用語。

即使自以爲是詮釋命名，如果無法令大眾理解，那就不會在人們心中根深柢固。儘管如此，就算說出誰都可能想到的詞彙，當然會因爲「那大家都想過了」，而不算具有先見之明。

杜拉克的名言中，有一句是「事業的目的在於創造顧客」。一般人被問到「何謂事業的目的？」大多都會認爲是「產生利益」。然而，杜拉克說：並非如此。重要的是顧客。這就是他的重點。

跨越所有人都容易掉入的思考陷阱，提出本質性的命題。

聽到「事業的目的在於創造顧客」，會有一種新鮮的驚奇。不是基於只要公司賺錢就好這種單方面的觀點，而是思考對於社會而言，事業的目的爲何。說出「創造顧客」的當下，就能在腦海中勾勒出源源不絕的巨大能量循環。

若是仔細思考，那正是事業的本質。如此一來，就能脫離狹隘的思考方式，以更自由、寬廣的視野思考。

總而言之，**杜拉克是看透本質，發現嶄新定義的高手**。

練習「命名思考術」

如果希望自己一直是公司需要的人才，不能光看杜拉克的書，在認同的好句子底下畫線。必須像杜拉克一樣綜觀全局，培養看穿事物本質的習慣。**不要當個只是吸收資訊的人，而是要變成能夠基於資訊，自行化為概念的人**。

爲了做到這一點，我建議採取思考命名這個方法。

若以「讓我們試著針對這個思考命名」這種形式討論，大家就會思考非常本質性的事。

即使是視野狹隘、容易局限於一部分的人，一旦經歷過命名會議之後，自然就會明白「這個問題的本質在哪裡」，學會如何綜觀全局。

舉例來說，像是替自己參與的企劃案取一個表示其本質的名字。若是以「是否執行這個企劃案比較好」這種觀點討論，大家就會各自基於自己的立場，以「企劃案成功與否會帶給自己利益或損失」這種觀點發表意見，但若是命名，就和彼此的利益得失無關，容易基於本質交換各自心中的想法。

好的命名會以簡潔的用語表達該事物的本質，並且能夠獲得許多人的認同或共鳴。

凡事思考「該替它命名爲什麼呢？」就是一種掌握本質的訓練。**思考命名是一種學會確切掌握概念的訣竅的練習**。

不用無中生有。**不是發明原本沒有的事物，而是從新的角度發現原有的事物，作為重新檢視其意思和意義的契機**。

我認爲，如今需要的是擁有這種感覺的人才。

建議你採用本節的做法

- 雖有幹勁，但無法切身感受到成果的你
- 視野狹隘，難以綜觀全局的你
- 想迅速掌握本質的你
- 喜歡思考命名或理念的你
- 想從事創作工作的你

No.2

獻給不想再為學歷感到自卑的你

主動求知學習法

本田宗一郎

本田宗一郎對於想知道的事會不恥下問。尋求解決問題的方法，不畏縮、不自大、不怕丟臉，主動靠近該領域的專家身邊求知。

腳踏實地學習邁向自己的目標所需的事，「在職訓練」的學習型態。

嘗試見聞的「聽取學問」派

Panasonic（松下電器產業）的創辦人：松下幸之助，Honda（本田技研工業）的創辦人：本田宗一郎都是從學徒起家。他們即使沒有學歷，仍運用天生的聰穎、腳踏實地磨鍊的直覺和經驗，闖出一片天。

本田宗一郎說，他的做法是**「綜合聽取學問和經驗」**。

我這輩子一路走來，都是透過觀察、請益、嘗試，綜合見聞與經驗作我認為該這麼做的事。

假如有不懂的事，與其為了尋求答案而看書，我寧可把看書的時間拿去問人。即使閱讀五百頁的書，需要的頂多一、兩頁。我不會做那種大海撈針，沒有效率的事。我們公司裡，大學畢業的員工多的是，還不如向該領域的專家請教那個問題比較快。然後，再將得到的答案和自己之前的經驗結合，這麼一來，我只是在做可行的事而已。世人好像認為我從頭到尾一手包辦，但沒那回事。

我想，我的特色說穿了，就是能夠虛心請益。換句話說，我昭告天下自己沒上過學，所以不知道也不足為奇。因此，我不會畫地自限，能夠向任何人請教。

《本田宗一郎化夢想為力量》

正因爲沒上過學，所以不會受到無謂的自尊心阻撓，能夠虛心地向人請教。不會因爲自己沒有學歷而感到自卑，反而認爲這是自己的強項。

本田宗一郎的「聽取學問學習法」，最適用於不太喜歡讀書，但喜歡聽別人說話這種人。

本田宗一郎會**去找擁有自己需要的知識的人，讓對方教自己，然後累積那些知識，不斷運用在自己的生意上**。

他在二十八歲開始製造活塞環的經驗，就開始這麼做。

年近三十的主動求知學生

本田宗一郎從一般小學的高等科（譯註：日本在第二次世界大戰戰敗投降之前的學校體系，相當於現在國小六年畢業之後，爲了升學而接受的兩年教育課程。）畢業後，在東京的藝術商會度過修理汽車的學徒時代，在二十二歲獲准開分店，於濱松開業，因爲技術卓越，廣受好評，業續一路長紅。

然而，他在二十八歲左右，認爲應該以拓展更有成長性的事業爲目標，毅然決然地關閉生意興隆的汽車維修工廠，突然轉行製造活塞環。

在那之前，他從沒做過活塞環，但從小就很愛玩機械，所以在多方嘗試的過程中，覺得總會有辦法，於是開始投入製造活塞環。

後來，他展開從早到晚試作的日子。廢寢忘食地在工廠的地板打地舖，持續了好幾個月，但終究進展得不順利，資金也漸漸見底。

於是，他跑去當地的民間技術人員遇到技術性瓶頸時會造訪的濱松高等工業學校，借助他們的智慧。

替他分析成分的老師說「有可能是矽或碳等物質不足」，他瞠目結舌地問：「不能缺少那種物質嗎？」如此缺乏專業知識的門外漢居然在製造活塞環。

科學性的分析結果令宗一郎大爲感動，深切地體認到：**就算不眠不休地再怎麼拚命努力，如果缺乏專業的科學知識就做不出來**。

他受到想從基礎知識重新學起的求知欲驅使，找校長商量，成爲濱松高等工業學校的機械科夜間部特別旁聽生。年近三十的主動求知學生，就此戴著學生帽，一身學生制服，開著愛車「Datsun」上學。

不過，宗一郎想知道的只是對於製造活塞環有幫助的知識，沒興趣的課就蹺課，期末考也請假不考。他是個隨心所欲，只上自己想上的課的旁聽生，結果兩年後就被開除學籍了。

學校宣告這項處分時，他仍炮火全開：

「畢業證書比電影院的入場券更沒價值。我是因為想讓工作成功才入學的。就算拿到畢業證書，也沒人保證能夠解決工作問題，讓我衣食無虞。電影票能夠保證我一定看得到電影，比畢業證書好多了。」

《校定本本田宗一郎傳》

宗一郎發下豪語：我並不想要學歷，我想要的是對工作有幫助的專業知識，畢業證書比電影票更沒有價值。令人在意的是，明明是他主動求知，有必要把畢業證書說得那麼一文不值嗎？他並非以一般的世俗觀念看待學校，以獨自的信念、獨自的邏輯堅持到底的豪邁，正是昭和時代的大人物風範。

話說，活塞環的試作品一完成，這下問題變成了生產技術，如何使它排上大量生產的生產線。**所以這次為了請教這個問題的答案，展開了到全國各地主動求知聽講的**

旅程。

他最先造訪的是東北帝國大學。因爲他聽說這裡聚集了許多金屬學的研究者，在研究室聽研究者說、參觀實驗了兩週左右。他累積了身爲經營者的經驗，所以當然不會做出平白受教這種小氣的事。他招待研究者們到附近的溫泉作爲謝禮，眾人把酒言歡，有說有笑。

接著，他帶著東北帝國大學的介紹信，前往北海道的室蘭，參觀工廠兩週。然後前往北海道帝國大學四天。

回程途中，他在盛岡幫助南部鐵的工匠工作十天左右，回到濱松，和製造五右衛門浴池的名匠見面，然後飛往九州帝國大學。

如此這般，他大致上學會了活塞環的製造技術。

因爲清楚意識到自己的目的爲何，所以我認爲，宗一郎的問題應該非常明確。他造訪該領域的專家，請教自己需要的事，用眼睛看，用耳朵聽，不斷地吸收。這是具有實踐性和效率的「在職訓練」。

試作品完成的兩年後，他成立工廠，開始正式地大量生產活塞環，聽說在這段期間，獲得了二十八項關於活塞環的專利。

因為將目標鎖定在獲取工作上所需的知識，所以能夠全心全意、心無旁騖地追求

所需的事物。

窮途末路中展現的力量，才是眞正的實力

宗一郎歷盡千辛萬苦，製造活塞環，使東海精機這家公司步上軌道，業績大幅成長，但二戰結束後，他將手上持有的股票全部賣給Toyota（豐田），從這家公司功成身退。他在摸索接下來要做什麼的過程中，想到了開發將小型引擎安裝在自行車上的機車。這就是本田機車的起點。

不是學習之後才想開始著手什麼新的事，而是事先決定要做之後才採取行動。這即是本田宗一郎的學習型態。

宗一郎說他在成立本田，開始製造機車之後，每次都會在朝會上高喊「我們要成爲世界第一」。

下定決心之後，爲了實現目標，要悶著頭前進。不要去想「應該做得到吧？」「希望做得到」，而是從一開始就決定「要去做」。爲了實現目標，不斷地向人請教學習需要的事，總會柳暗花明又一村，開發新的事物。

「如果有笨蛋想發明什麼而發明出來，我倒想見一見這種人。自己遇到困難時，為了解決困難而絞盡腦汁，這就可以說是發明。一定要遇上困難才行。人天生就是要遇上困難。被逼得走投無路時展現的力量才是真正的實力。人只要有心想做，大部分的事情都做得到。」（同前）

宗一郎說：**人一定要遇上困難才行。如果沒有被逼得走投無路，就展現不出真正的實力。人只要有心想做，大部分的事情都做得到。**

這種堅定的信念會成爲一種刺激。

全身會充滿熱情的能量，腦袋高速運作，像漩渦一樣將身邊的人全都捲進去。本田宗一郎具有這種推進力。

遠州（靜岡縣西部）有一句方言叫作「沒在怕的」；意思是「我就做給你看」，宗一郎勇敢挑戰創新事物的氣概、「沒在怕的精神」旺盛。有不少人被他吸引，受到他的熱情感化。

濱松出身的古橋廣之進刷新世界第一的游泳紀錄，被世人讚爲「富士山飛魚」。宗一郎說他看到這件事，大受啓發。同鄉的精彩表現，挑起他的「沒在怕的精神」，使他也想以機車成爲世界第一。

保持「準備就緒」狀態，展現積極性

看著能幹的經營者，會發現他無論是在休息或玩樂，腦袋中隨時都處於「準備就緒（ready）」狀態。意識不會「休息」。因此，即使和別人看一樣的東西，對它的反應方式也會不同；會立即反應。

本田宗一郎賣掉製造活塞環的公司，二戰結束之後，猶豫接下來要做什麼，若是借用他太太的話，當時是他「成爲仙人」的時期。然而，腦袋中沒有一刻休息，不斷產生各種創意。

有幹勁的人，意識總是清醒，隨時做好「準備」的態勢。隨時做好能夠行動的準備；「就位」蓄勢待發。

這能夠以習慣改變。**如果自己主動注意到，行動就會改變**。

舉例來說，我會對被動的大學生怎麼做呢？我會請對方練習立刻回答問題的思考迴路。

「有一位老師一面和地區合作，一面試圖提升孩子們的寫作能力。你認爲他採取了哪種方法呢？」
一般即使這樣問，大家也不會有反應。因爲大家不會認爲這個問題是在問自己。大家的注意力渙散，不認爲問題的箭頭會指向自己，所以只是心不在焉地聽一聽就算了。
因此，要說「請在三秒以內回答」，讓所有人在三秒後出聲回答。大部分的人一開始會感到驚訝，小小聲地說。
接著要說「如果三秒不行的話，就給你們十五秒吧」，然後說「請在十五秒內寫下兩個答案，回答比較好的那一個」。
再來說「寫好了吧？選好了吧？那麼要說囉」，讓大家一起回答。一看嘴巴的開闔方式，立刻就會知道誰沒說，所以指摘他們：「你、你，還有那邊的你，你們剛才沒有回答對吧？」
在十五秒內針對問題，思考兩個答案，寫下來，然後判斷要選擇哪一個，說出來。
若是經常做這種練習，一旦被問到，就會當作是在問自己，產生思考、回答這種思考迴路。這麼一來，聽課的態勢就會爲之一變。因爲學生會使意識保持清醒，以便隨時都能因應老師丟過來的問題。

隨時讓自己保持在「準備就緒」的狀態，會使意識清醒，反應變快，產生幹勁。

或許有人認爲是因爲有趣，所以引起興趣，進而產生幹勁，但我認爲，眞正的幹勁反而是因爲做好「準備」的態勢，所以能夠迅速反應，積極地參與現場的活動。

「有人明明年紀輕輕，卻像個中年男子，有時候甚至像個八十歲的老爺爺，態度既消極又保守。老是顧慮周遭的人，格局狹隘地活著。」

「我想，尋找未知的世界，是我人生中最大的樂趣之一。一個人如果放棄或忘記這種樂趣，他就已經停止進步了。」

《本田宗一郎化夢想為力量》

本田宗一郎如此說道，對於年輕人的消極性感到遺憾。

積極性並不是無法改變的個性問題，而是試圖影響人或社會的身心狀態。

自己主動受到感化

難以點燃熱情的人，或者十次有八次被動的人，最好直接和人見面，聽對方說話，作爲提高自己動機的方法。

必須清楚鎖定目標，才能主動去找某個人，請求對方直接給予個別指導，所以一開始不要一對一，而是去聽「一對多」型的演講。

在那裡學習的知識或技術並不重要，重要的反而是透過聽對方說話，產生學習的意願。

直接在現場聽人演講，有一種不同於看書的臨場感。被稱爲講師的人大多能量充沛、精力十足，所以要去**感受那種散發熱情和能量的方式，並且從中獲得啓發**。

舉例來說，像是聽完演講，想「進一步瞭解」而立刻去買書、想和別人聊一聊聽到的內容，或者想將學到的內容馬上實際付諸行動，如果產生這種動機就好了。

其中，也有以營利主義在運作的組織，所以不是什麼都好，但如今是一個能夠透過網路上的評價或Twitter交換資訊，小心避免受騙的方便時代。

目前，有合作的大學之間，還有一種「學分互換制度」，學生也能聽本校之外的

建議你採用本節的做法

- ☑ 覺得自己的熱情和熱誠不足的你
- ☑ 不想再為學歷感到自卑的你
- ☑ 喜歡聽別人說話的你
- ☑ 有想準確知道的事情的你
- ☑ 比起坐在書桌前面學習，實地體驗更讓人產生求知欲的你

No.3

獻給容易找藉口的你

史蒂芬・金
外界隔絕術學習法

很難每天孜孜不倦地持續學習。「創作是即使厭倦文章，仍然嘔心瀝血地累積一字一句」。史蒂芬・金如此描述創作的艱難，規定自己「一天寫兩千字」。

迅速集中精神的技術

若是難以獲得學習成果的人，姑且不論學習方式，光是花在專注學習之前的時間，就輸了一大截。

舉例來說，若是讓學生在課堂上寫報告，一看就知道學生要花多少時間才能集中精神。能夠快速集中精神的人，即使無法決定要寫的內容，也會在一分鐘以內動筆。無論是打草稿或開始寫，都會透過著手寫報告，迅速進入「書寫」的態勢。

相較之下，有人會凝視著半空中，心想「該寫什麼才好呢？」在內心浮現想法之前，不會在紙上動筆，而是抬頭仰望，一直呆呆地「思考」。這種人好像以為自己在動腦，但持續這麼做的期間，一直沒有做好「書寫」的態勢；處於沒有發動引擎的狀態。

或許你會認為，這只是思考事情時的型態不同，但是否立刻進入那種態勢，是著手進行事情時的一大重點。**如果能夠快速集中精神，哪怕是短時間，也能進行有效率的學習**。要花時間集中精神的人，需要多一、兩倍的時間。

想要在忙碌中獲得學習成果的大人，必須學會快速集中精神的訣竅。

集中力並非與生俱來的天份。快速集中精神的能力、高度集中精神的能力，都是自己花心思鍛鍊琢磨而成。

為了一下子提升自己的動能，快速集中精神在學習的領域，必須從一開始就調整好態勢。對自己清楚地表明意志「現在是做這件事的時間」，引導自己容易專心於該領域。

史蒂芬·金在《史蒂芬·金談寫作》中提到，他會給自己訂立規則，遵守規則並使其變成習慣，這對學習也有幫助。

> 我一天起碼要寫十頁，相當於兩千字。（中略）除非有相當緊迫的事，否則我規定自己要寫完兩千字才能結束工作。
>
> 《史蒂芬·金談寫作》

史蒂芬·金的生活是一張每天固定的時間表，原則上規定上午寫作。儘管是作家，也不是一整天從早寫到晚，會劃分能夠維持高度集中精神狀態的時間。

並且**達到一天的目標才結束工作**。

對於他而言，寫作是正職，但對我們而言，學習不是生活的重心。若將一天的目標設得太高，就會以「計劃一百分，執行力零」收場，而門檻若是設得太低，永遠也不會進步。在帶給自己適度的壓力，但努力就做得到的範圍內，設定一天的目標很重要。

爲了做到這一點，必須**確保一天當中，這個時段不做其他事，用來學習**。

關上房門，下定決心

聽說史蒂芬．金設定目標之後，就對自己發誓「達成目標之前，我不會打開書房的門」，然後一直寫作。

必須關上房門，和外界隔絕。關上門是在對自己和別人表明自己的決心。作家會透過寫作，暢所欲言，去想去的地方。這即是關上房門。

關上工作室的門時，必須決定那一天的目標。這和鍛鍊身體一樣，如果一開始不設定較低的目標，無法達成時就會留下悔恨。姑且先定一天一千字比較安全。另外，人不是鐵打的，因為來日方長，所以一週最好休息一天。但一週休息一天就好。如果休息超過一天，就會懶得構思，寫作的意願委靡。因此，設定目標之後，我會對自

己發誓「達成目標之前，我不會打開房門」，然後一直在稿紙或電腦上寫作。（同前）

關上書房的門，也不接電話，電視和電玩等殺時間的工具更是不在話下。拉上窗簾或百葉窗。書桌周邊會令人分心的東西全都事先收起來。

不過，據說史蒂芬・金會放震天價響的音樂寫作。他喜歡聽重搖滾，一直放音樂也是一種「關上房門」的方法。

完全隔絕外界，關在自己的世界裡。

將自己與外界隔絕，置身於用來建構自己的世界的「裝置」中，能夠做好集中精神寫作的態勢。如此一來，能夠讓自己迅速地進入和前一天一樣的精神狀態。

寫作時，我想把世界關在門外。也許所有人都是一樣。因為作家是透過寫作，創造自己的世界。

我想，這可以說是在創造夢境。書房和寢室一樣，是獨自一個人作夢的地方。每天幾乎在同樣的時間進入書房，寫一千字才離開書桌，是為了養成習慣，做好作夢的態勢。（同前）

每天在同樣的時間進入書房，關上房門，隔絕外界，採取寫作的態勢。做好使自己發揮創造力的態勢，寫完目標兩千字才打開房門。因爲養成了習慣，持之以恆，所以一旦進入那種態勢，隨時都能一下子就進入自己的世界。

1 先製造場地

2 隔絕外界，沉浸在自己的世界

3 沉潛

重點在於習慣這麼做。

史蒂芬・金說：對於作家而言，書房是作夢的地方；人們在入睡時，各自會有類似儀式的習慣。或許有人會看書、放音樂、按照呼吸法呼吸，或者抱著抱枕。假如那是入睡的裝置，**只要將用來集中精神的裝置也化為意識即可**。

人們常說：宛如獲得神啓一般靈感湧現是「繆思女神降臨」；史蒂芬・金說：「作家的職責是在固定的時間，確實地向繆思女神傳達自己在哪裡做什麼。」不是「等待」自己自然地進入彷彿有什麼降臨的高度集中狀態，而是因爲隨時做好態勢，所以繆思女神也容易找到自己的所在位置。

我們的生活若是沒有下定決心，就難以隔絕外界。無論身在何方，隨時都能以手機和電子郵件取得連絡，這種狀態雖然方便，但要集中精神做什麼時，也會受到它們干擾。

舉例來說，在工作空檔會收到各式各樣的電子郵件。這經常必須趕緊回覆，而且爲了回覆，還必須查資料。確認資料、回覆……在做這些事的過程中，一眨眼就過了半小時左右。即使擬定計劃，想在幾點之前結束這件工作，也會不斷往後延遲。

必須主動下一番巧思，創造和外界隔絕的時間。

在某一段固定的時間，隔絕與外界的交流，像史蒂芬．金一樣規定自己待在容易專心的環境、裝置中度過一定的時間，並且在這段時間內達成目標。要將這種行爲作爲習慣，每天持續。

巧妙地與世界隔絕

爲了「阻斷」來自外界的雜音，我會採取去咖啡店這個做法。

如果待在大學的研究室或家裡，就會有各式各樣的連絡事項或工作委託陸續找上門。因此，去咖啡店這個空間，反而能將各種雜事關在門外。既沒有電話，也沒有訪客。我不是爲了和誰交談喝茶而進入咖啡店，而是爲了讓其他事情遠離自己，才去咖啡店閉關。

需要不斷參考許多資料的研究，或者寫長篇大論時，終究還是研究室比較好，但如果是時間緊迫，必須迅速處理的事，我則會規定自己去**咖啡店，在九十分鐘以內專心完成那件事**。

舉例來說，像是寫四、五張稿紙的內容，或者思考書的架構、看校樣等，我幾乎都會在咖啡店這樣進行。

那段時間，我不會拿出手機，也不會檢查電子郵件。若是集中精神，就不會意識到店內播放的音樂或其他人的說話聲。

我有一個朋友想一面工作，一面通過司法考試，但是一去公司，就要工作到晚上才有時間唸自己的書，所以他每天早上在上班途中，會去星巴克唸兩小時的書，結果以這種做法考上了。

即使利用片段的時間，如果能夠高度集中精神，進入專心學習的態勢，這種事情就有可能做到。

無論如何，**要「確保」用來做這件事的時間**。

決定從幾點到幾點要隔絕來自外界雜音的時間，並在記事本上將那段時間框起來，避免寫上事情。此外，也要向身邊的人宣告：「我這段時間不能接電話，也無法

建議你採用本節的做法

- ☑ 在日常生活中沒有習慣學習的你
- ☑ 容易以事情多為藉口的你
- ☑ 想快速做好能夠集中精神的態勢的你

No.4

獻給非常認真、容易鬱悶的你

按照個人步調學習法

夏目漱石

相對於融入環境的森鷗外，漱石在倫敦留學的期間，卻因為語言隔閡而煩惱，受到負面情緒所囿，常常把自己關在宿舍。他是如何克服憂鬱情緒，轉換成積極的能量呢？

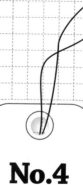

無法在英國享受留學樂趣的漱石

夏目漱石在松山國中和熊本五高擔任教師之後，以文部省公費留學生的身份到英國留學。

當時，有才華的人都想到歐美留學，學習先進知識、文化、藝術，拚命設法獲得這個機會。看在旁人眼中，這是非常令人羨慕的境遇，但是對於漱石而言，卻是奉命不得不去留學。

三十三歲的他，已經有妻小。當時，漱石拚命唸書，成爲英語教師，但想不通爲什麼要繼續研究英國文學。他原本就不擅長與人來往，而且曾經罹患精神衰弱，所以對他而言，必須在不同的文化中與人交流也是一種痛苦。留學並沒有令他感到雀躍。

實際上，漱石並不適應當地的生活。看了他的《倫敦留學日記》之後會發現，他每天都鬱鬱寡歡地寫著日記。

最令漱石焦躁的是宿舍叔叔、阿姨等一般人的態度。他們明明不懂文學、不看文學，卻一副不懂裝懂的樣子。而且他們會瞧不起人地問漱石非常簡單的字：「你認識這個字嗎？」漱石氣憤地認爲：我只是因爲英語不是母語，所以不擅長對話，他們就看不起東方人。

「走在街上，看到的盡是令人討厭的傢伙。沒有半個長得討人喜歡。」

「前天在Brixton購物，有人說天氣真好。那哪叫好?! 真想讓他見識一下什麼叫作日本晴（晴空萬里）。」

《漱石日記》

走在街上時，日本應該也很少有人展現親切的態度，但看在漱石眼中，個子高、鼻子挺、五官端正的英國人顯得裝模作樣，而且態度冷漠。漱石看人、天氣都不順眼。如果受邀參加茶會，即使不想參加也會在雪中出門前往——

「完全是在消磨時間。西方社會真是愚蠢。到底是誰打造這種無聊的社會？哪裡有趣?!」（同前）

漱石不適應英式的社交場所，越來越討厭與人來往。

「西方人喜歡親密的人際關係和華麗的事物。這些可以從戲劇、食物、建築和裝飾，以及夫婦間的接吻和擁抱得知。這些都會反映在文學上，所以缺乏灑脫超凡的雅趣。」（同前）

漱石做什麼都不覺得有趣。連英國文學的型態都令他覺得無趣。後來，他不想融入當地社會的傾向變得更加嚴重，不再和其他留學生交流，也不再寫日記，在倫敦閉門不出。

漱石和鷗外對環境的適應性

無論在哪個時代，**留學的重點在於如何適應當地的環境**。

對於漱石而言，令人稱羨的倫敦留學也只是憂鬱的每一天。到了後期，他的神經衰弱變得嚴重，在日本甚至傳出了「夏目發瘋」這種謠言。

實際上，文部省因此命令他提早回國。

相對於這樣的漱石，森鷗外則是融入當地的文化，率先享受在社交界與人交流的樂趣。

鷗外被陸軍省派遣到德國留學。這是他一償夙願的留學。

在醫學的領域，當時在帝國大學成績第一、第二名的人能夠成爲文部省的公費留學生。鷗外看準了這一點，但他是第八名，所以沒有獲選。然而，他進入陸軍省，另闢蹊徑，以軍醫的身份留學。

鷗外和照料他的一家人、留學地的老師、同事等身邊的人立刻打成一片，積極地參與社交場合，陸續結交知己、拓展人脈。

年紀輕輕才二十二歲，而且是嚮往已久的留學。鷗外興高采烈地想吸收各種知識，配合地融入當地的環境。

從《舞姬》中可見一斑，鷗外和當地的女子墜入情網。《舞姬》的主角——太田豐太郎對於女性的態度非常薄情，令人質疑他「身爲男人是否恰當」，但以當時的情況來看，西方的美麗女性對日本人傾心是劃時代的事。撇開這件事的好壞不提，對於日本人而言，可說是一項壯舉。

鷗外盡情享受在當地的生活，而且因爲有更多事値得學，延後一年回國，總共留學了四年。

就各種層面來說，兩位文豪的留學經驗形成對比。

鷗外是能夠「入鄉隨俗」的人，而漱石則是無法做到這一點的人。

漱石無法融入當地人，與他們來往，藉此消除平日的鬱悶。其實，這種人並不太適合留學。

他在寫給療養中的正岡子規的信中，以更細膩、更自我解嘲的筆觸描寫自己在倫敦的生活。寫信安慰抱怨無聊的子規，對於漱石而言，或許是令他心情平靜的須臾片刻。

試圖以原則轉換想法

我想，漱石在倫敦並不是一味地耗費精神，成天關在家裡嫌東嫌西。

那麼，他在做什麼呢？

他在**客觀觀地察現狀，自我反省**。

從英國的英語學者的角度來看，到了明治時代才接觸英國文學的日籍英國文學研究者根本是乳臭未乾的小鬼。差異可說是英格蘭的超級足球聯賽和日本職業足球聯賽。因爲水準天差地遠，所以根本不值一提。

不過，漱石也是代表日本，遠道而來的精英。英國文學的專家當中，確實也有值得尊敬的人，但漱石並不認爲對方一定對。

話雖如此，漱石受阻於語言能力，無法針對事情的核心進行辯論。他在無法隨心所欲主張自己想法的情況下，感覺到一股壓力，像是別人將無形的壓力強行施加在他頭上。既然要研究英國文學，就不得不順從母語是英語的人，但他仍對此感到不合理。

此外，即使英國人那麼想是無可奈何的事，日本人在英國也只是一味認同英國人覺得好的事，盲目地模仿，無力以自己的感覺判斷事情。

漱石心想：這是理所當然的嗎？

從他在日記中的描述「西方人喜歡親密的人際關係……」。這些都會反映在文學上，所以缺乏瀟脫超凡的雅趣」，不難瞭解到英國和日本的生活習慣、文化截然不同。這代表覺得什麼很好，文學的雅趣不同是理所當然的事。他越來越覺得，天底下並非只有英國文學才是美好的。

日本人是否不必將英國文學奉爲圭臬呢？**漱石改變想法——我要試著以自己的做法去做，以自己的標準，更以「自我為主」研究文學。**

我掌握「自我為主」這四個字之後，變得非常堅強。產生了一股「他們算什麼」的氣概。（中略）我抱著輕快的心情眺望灰濛濛的倫敦。若要打個比方，我覺得像是在苦惱了多年之後，終於以自己的鶴嘴鎬「鏗」一聲地挖到了礦脈。

《我的個人主義》

漱石透過自我反省，走出困境，改變態度，得以以原則轉換想法。

在此之前，他會因爲別人的偏見而心情不好，或者對於無法暢所欲言感到自卑，被負面情緒牽著鼻子走，但他終於拋開煩惱，並且透過這種「轉換」，成爲日本近代文學之父，如今成爲受到許多人喜愛的作家。

「擁有個人天地」的氣概

漱石的留學之所以沒有以失敗畫下句點，是因爲他受到孤立感和壓力激發，轉換想法，成功地將抑鬱的負面能量轉爲正向。

自己走自己的路。**他獲得了貫徹個人步調的型態。換句話說，他擁有了「擁有個人天地」的意識。**

他放棄了順從英國文學老師們，今後以自己的想法面對文學。因此，他下定了決心，要獨立自主，擁有一方屬於自己的小天地。

古羅馬時代，一旦凱薩大帝和元老院之間的意見對立越演越烈，他就會說「木已成舟」，渡過盧比肯河，下定決心和龐培率領的元老院派爲敵。

漱石透過這段留學經驗，下定決心和凱薩大帝一樣渡過盧比肯河。他研究文學的態度大爲改變，跨越了之前的鴻溝，而且他從英國文學的研究者轉換跑道，改朝作家這條路邁進，從《我是貓》《少爺》起步，寫下《之後》《心》《明暗》等名作，發光發熱。

長大之後學習時，是否意識到要「擁有個人天地」，吸收到的知識多寡會大為不同。

舉例來說，取得MBA（企管碩士）學位的人多了很多。

有時候是公司提供留學的機會。如果取得MBA，在公司內的待遇就會提升。年薪也會增加。有助於出人頭地。而且能對更重大的工作有所貢獻。

這些當然也會成爲巨大的動機，但比不上將來有一天想獨立門戶，開一家自己的公司，爲此而想趁現在好好學習經營的人的意願強烈。

樂天董事長兼總經理的三木谷浩史說，他在擔任銀行行員時到美國留學，取得了MBA，並在留學期間夢想創業。

如何將留學學到的知識，**運用在自己的表現上呢**？

我認爲，留學時獲得的知識會依**將自己的表現舞台設定在哪裡**，而大不相同。

漱石在回國後，又過著執教鞭的生活，但不久之後，在高濱虛子的建議下，發表

《我是貓》，走上了作家這條路。虛子看了漱石從倫敦寄給子規的信，注意到他的文筆中充滿了輕鬆灑脫的風格。

為了安慰好友——子規而寫的信、彷彿在排遣倫敦生活中的憂愁而寫的信，可說是使漱石找到了自己身為作家的路。因此，倫敦留學是漱石成為文豪所必經的過程。

建議你採用本節的做法

- ☑ 非常認真、容易鬱悶的你
- ☑ 因為自卑而覺得遇上瓶頸的你
- ☑ 對於世俗潮流感到哪裡有點不對勁的你
- ☑ 想擁有個人一片天的你

No.5

獻給無法徹底鎖定想做的事的你

歌德
限制自己的技術學習法

歌德精通希臘語、拉丁語、希伯來語、法語、英語、義大利語，會畫畫，也會彈鋼琴。然而，他堅持以德語寫作。正因傾注天份於一件事，才能塑造出不同於他人的自己。

限制自己做一件事

歌德是個「多才多藝的人」。

他寫的《少年維特的煩惱》這本超級暢銷小說在他很年輕的時候就問世，使他聲名大噪，他寫詩和戲曲，對於哲學、自然科學、藝術也知之甚詳。他身爲威瑪公國的宮廷顧問，亦涉足政治，甚至擔任宰相。

他出身自富裕的家庭，從小接受精英教育長大；尤其擅長語言，十歲就會說希臘語，後來陸續學會拉丁語、法語、英語、義大利語，會畫畫，也會彈鋼琴。

父親讓歌德學習法律，想讓他成爲高官或法律專家。歌德一頭鑽進文學的世界，法律只是隨便唸唸，但實際上，他是以律師的身份展開工作生涯。

歌德擁有如此多元的天份，步入老年後回首一生說：

「到頭來，最偉大的技術是限制自己，專注於一件事。」這句話摘錄自愛克爾曼的《歌德對話錄》。

《歌德對話錄》是歌德這位耆宿中意的年輕人——愛克爾曼花了九年，匯整歌德針對文學、藝術、人生闡述深富啓發性的話而成的名著。

歌德勸愛克爾曼集中所有精力在一項專業上，不要玩物喪志，並說自己浪費太多時間在非原本專業的事情上了。

「我想，我的文學作品數量寥寥可數。我應該更專注於自己原本的工作。」

還有一次，他說：「假如我沒有花那麼多時間在研究礦物、假如我把時間花在更美好的事情上，或許就會獲得最美的鑽石飾品。」

基於相同的理由，他尊敬、贊賞朋友——梅耶（Johann Heinrich Meyer）將一輩子都用在研究美術，因此公認他是這個領域最有見識的權威。（同前）

歌德舉研究礦物和收集石頭的癖好爲例，一面開玩笑，一面強調限制自己的意義。

年輕時容易沉迷的事

「限制自己，專注於一件事」是什麼意思呢？

話說回來，歌德之所以聊起這個話題，是因爲歌德收到某個青年寄來的信，青年希望歌德告訴他關於《浮士德》第二部的計劃，他想試著完成這部作品，於是歌德給愛克爾曼看那封信。

愛克爾曼對於青年認爲自己能夠繼承歌德的精神，撰寫《浮士德》的傲慢無禮、無知愚昧感到錯愕。

> 假如在我的一生中，會遇見為了繼承拿破崙征服世界的遺願而正在準備的青年，或者準備完成科隆大教堂的年輕業餘建築師，我八成也不會比收到這封信更驚訝，而且不管怎麼樣，我都不會認為他們比這個文學青年更瘋狂可笑。這名男子以為只要有幹勁，自己也寫得出《浮士德》第二部，但終究只是痴心妄想。（同前）

愛克爾曼說：有人以爲自己與生俱來得天獨厚的天份，「妄想」自己能夠做到別人累積多年的經驗和努力才能完成的事情，但縱然一口氣跨越了需要循序漸進才能到達的境界，也不會有一番轟轟烈烈的成就；但經常可以從現代的年輕人身上看到這種「妄想症」。無論在哪個時代，年輕人都是有勇無謀的。

歌德說：

> 「任誰都會想將和自己的目標一致的文學作品作為範本，也不試圖開創獨樹一格的文學風格，人人都想再創作一模一樣的東西。（中略）目光短淺地只著眼於該怎麼做才能使自己出名、該怎麼做才能功成名就，令世人震驚。這種錯誤的努力隨處可見。」（同前）

想要一步登天的內心深處，存在著想被人們稱讚、獲得世俗好評這種強烈的自我表現欲。若是以這種心態投身於文學或藝術，往往會覺得邁向成熟期所需的時間和努力令人難以忍受。

然而，**如果認為目標是自己在某個領域「有所領悟」，就會覺得歷經每一個階段都有明確的意義**。

爲了做到這一點，要接觸前人的優秀作品。

認爲自己可能也做得到而感興趣本身並非壞事。我認爲，應該不斷加深這種興趣。透過欣賞美好的作品，提高眼光。爲了知道世上充滿了多少優秀的作品、需要什麼才能創作出媲美這種作品的事物，必須盡量多看書、多欣賞作品。

因此，自己千萬別想作出一樣的作品，而是看清楚自己是否也有這種能耐，將那些作品當作認定**「心中能否感覺到能夠定下心來持續工作的毅力、天份和勇氣」**，有

朝一天達到那種水準的材料。那也可以說是下定決心的機會。

「就拿年輕的畫家來說，如果他們很早就知道像拉斐爾這種泰斗實際畫了哪種畫作，之後一定大多不會再拿起畫筆。」（同前）

歌德說：我自己就是如此。年輕時，他嘗試做造形藝術。實際上，歌德留下了許多他畫的素描畫。因爲他也具備了善感的感性，所以一開始認爲自己前途無量。

然而，到義大利旅行時，他親眼仔細看了拉斐爾的成就，從此之後，他失去了自己作畫的心情。他說：「我產生了寬廣的視野，但是重要的能力卻消失不見了。」（同前）

歌德放棄自己作畫，從此轉爲接觸美好作品的欣賞者。

廣泛觀察，限縮行動

愛克爾曼在和歌德進行這種對話的過程中，思索：「必須徹底區別觀察和行動。」

> 歌德也盡量努力進行多方面的觀察，但就行動層面而言，他限制自己只做一件事。專心致志於唯一的技術，亦即以德語寫作，直到成為大師為止。至於他呈現作品的素材具有多元的性質，那又是另外的問題了。（同前）

歌德的興趣眾多，但就創作活動這個層面來說，只有一個——「以德語書寫」，這始終是他的表演舞台。

如同先前所說，他精通多國語言，在義大利旅行時說義大利語，而且也從事翻譯，但基本上只從外語譯成德語。他將各種語言定位爲用來吸收知識、深入觀察的工具。

德語適合用來論述醫學等，但不太適合文學表現。它並非優美而浪漫的語言。假如想在歐洲獲得更多讀者的話，最好以英語或法語寫作。

歌德給予義大利文學極高的評價，也建議愛克爾曼與其不務正業，不如去研究義大利文學。歌德還說：凡事最重要的是希臘語。

儘管如此，他始終堅持以德語書寫。

大家都說，是路德和歌德奠定了現代的德語基礎。因此，歌德是近代德語之父。

「人最好同時培養自己具備各種能力，對於世界也是一件好事。然而，人並非天生多才多藝，所以每一個人必須將自己塑造成獨一無二的人。」（同前）

為了加強自己的專業領域的知識，**使「觀察能力」更加敏銳，必須限縮世界**。必須限制自己學習專業中不可欠缺的知識，或者提防自己陷入單方面的看法。

然而，**為了和其他人有所區隔，必須學會限制自己只做一件事的技術，精益求精之後，才能獨當一面，「大顯身手」**。

建議你採用本節的做法

- ☑ 無法徹底鎖定想做的事的你
- ☑ 雖有自信，但討厭努力的你
- ☑ 覺得成功可能有捷徑的你

No.6

獻給一個人就難以鼓起幹勁的你

互相教導學習法

吉田松陰

吉田松陰是一位以眼觀四處、耳聽八方為目標，以熱血抱負和勤奮好學，感化許多人的知名教師。即便是入獄之後，他也將監獄變成學習的場所，打造互相教導的團體。孕育出令人想自動自發學習的型態的雛形就在監獄中。

受到欲罷不能的心情驅使

吉田松陰對幕末維新期的長州志士們造成莫大的影響，凡事想目睹、想瞭解、想學習，是一位求知欲旺盛，實踐學問的人。

松陰出身自山鹿流兵學教師的世家，因爲養父早逝，所以他在五歲就繼承了家業，九歲時在藩校「明倫館」教授年長的藩士們學問。藩主對學習感興趣，因此他曾在御前講課，可說是接受精英教育長大的「早熟」的人。

他的好學使他不只對書籍感興趣，還會親眼、親耳、親腳去確認事情。他天生是個好奇寶寶，對於未知的事情非知道不可。如同司馬遼太郎在《生活在世上的日子》這本書中所描述的，松陰從九州到東北，一路上到處旅行，增廣見聞。

他先前往九州，向各地的山鹿流教師請益，然後到江戶（譯註：以現在的東京都千代田區爲主的地區。）遊學，受教於佐久間象山。聽到黑船來了，便前去觀看。他對東北的海防感興趣，準備前往視察時，沒有收到通行令。於是，他不惜脫藩（譯註：江户時代，武士從藩脱離，成爲浪人。在當時相當於叛國。）前往東北。這可說是一種盲目求知的行爲。

培里第二次造訪日本時，松陰搭乘小船上黑船（譯註：日本江户末期實行鎖國政策，歐美軍艦開到江戶灣迫使日本政府廢除鎖國政策，由於船身是黑色，因此稱爲「黑船」。），哪怕觸犯國家禁令也要親眼看一看美國，所以苦苦哀求培里帶他去。然而，培里說他不能公然帶偷渡者去美國。

松陰明知會遭到逮捕判罪，也忍不住這麼做。他從下田被帶到江戶入獄前，經過泉岳寺前面時，吟詠了這麼一首歌。

「明知會遭此下場，欲罷不能大和魂。」（《幽囚錄》）

他的意思是，從前赤穗浪士（譯註：一七〇三年，原爲赤穗藩士的大石良雄以下四十七名武士，爲報舊主淺野長矩的仇，殺進仇家吉良義央的宅邸，報仇雪恨，然而當時在江戶城內嚴禁拔刀，幕府德川五代將軍綱吉知情後震怒，命令他們四十七人切腹自殺。）也是如此，自己也具有這種精神。

他是一個對志向投注靈魂的「狂」熱份子。他明明可以更巧妙地行動，但是他卻沒有那麼做。**總是以「欲罷不能」的心情行動，那股熱情、能量化為感化力，對周遭的人造成了強烈影響**。

他擁有豐富的學識，但他除了教導所知的知識之外，更具有**賦予學問生命，作為用來活在當下的智慧傳達的能力**。我想，他就是這樣的一位思想家、教育家。

只要有松陰在，連監獄也會變私塾

與其說松陰是因爲搭黑船偷渡被捕，倒不如說他是自投羅網。他從江戶被護送到萩，被關進「野山獄」。

監禁士族的這間監獄不太會束縛犯人，據說松陰在這裡能夠自由地看書、學習。

在松陰入獄之前，野山獄內就關了十人左右，年紀輕輕、才二十多歲的松陰一開始被當作新人對待，但他在獄中熱情地訴說自己看見的社會情況和日本現狀，提倡唸書的重要性。他的見識之高，令眾人自嘆不如，對他敞開心扉。

松陰一面講解《孟子》，一面訴說如何實踐，教導眾人將所學落實於自己的問題，運用在現實生活中。他在獄中講解《孟子》三十四次，出獄之後也繼續講課，兩者的內容在後來匯整成《講孟余話》（《講孟箚記》）。

松陰著重古籍的精髓，而非論爲字句的解釋，從世界的觀點看日本所處的狀況，結合《孟子》的論述訴說處世之道，因而引起眾人的興趣。不知不覺間，彷彿形成了獄中私塾——「野山獄私塾」。**松陰即使入獄，也啓蒙了獄中人**。他做到了處處是學堂。

後來，除了獄中人之外，連獄吏、獄卒都加入學習的行列。

囚犯當中也有女性。據說這名女性成爲松陰非常重要的人，但在當時，還沒有女性也能一起唸書的私塾，所以野山獄私塾意外成了男女平權的開明私塾。

松陰並非只是單方面地自己教導。舉例來說，擅長俳句的人就變成老師教導大家、書法高手就教導大家書法。當然，松陰此時也會身爲學生受教。結果，**形成了大家各自傳授擅長的事物，輪流當老師的讀書會**。

後來，「松下村私塾」也承襲了這種做法。

因此，**松陰的「松下村私塾」的學習型態的雛形，源自於他被關在野山獄的時候**。

使學生感染想要學習的氣氛

不久之後，松陰出獄，被幽禁在家。

許多人登門，希望受教於被幽禁的松陰。松陰原本就出身於教師世家，之前在家開私塾，但出獄回家之後，學生陸續增加，空間變得擁擠，於是決定擴建因應。實際上，松下村私塾是在松陰主辦之後才聲名大噪。

因爲授課的是曾在藩校任教的松陰老師。當時，只有武士能去藩校唸書，但在松下村私塾，無關身份、年齡，所有人都能來，而且能夠學到實用的學問，所以聚集了許多有意願學習的人。

包含久坂玄瑞、高杉晉作在內，還有伊藤博文、山縣有朋、品川彌二郎、前原一誠等活躍於幕末維新的名人也都是其中一員。

後來，松陰再度入獄，因爲安政大獄（譯註：一八五八～五九年，江戶幕府對於尊皇攘夷派所進行的鎮壓行動，懲處反對立家茂爲第十四代將軍，擁護一橋慶喜的公卿、大名、志士等，並對吉田松陰、橋本左內等八人處以死刑。）死於二十九歲，因此松陰實際只在松下村私塾指導了兩年多的時間，但他的感化力非常大。

松下村私塾就像是野山獄私塾的延伸，有能力的人成爲老師教導大家，或者大家對等地討論，而塾生的年齡和學力各不相同，因此大家無法以相同的課程學習一樣的事物。有人只上過寺子屋（譯註：江戶時代，教導庶民子弟讀書、寫字、算術和實用知識技能的民間教育機構。）勉強會讀書寫字和打算盤，也有人具備高度的學力。

因此，松陰會配合每個人的程度挑選教科書，觀察學習進度；可說是一對一的個人指導。

此外，松陰也不控管塾生的出缺席。白天有工作的人可以工作完再來。如果帶朋友來，松陰也接受。

來者不拒，去者不追。

相當自由。基本上，松陰想啓發學生的學習意願，讓學生即使沒有人鞭策也想主動學習。松下村私塾**不會硬逼學生產生學習意願，而是使學生搭上吉田松陰掌舵的這艘船之後，會感染忍不住想學習的氣氛**。

無法產生幹勁的人缺少的事物

高杉晉作來到松陰身邊之前，似乎找不到學習的意義。他雖然唸了藩校，但是沒有幹勁，所以升級遲緩。也就是說，他留級了。他聽說松下村私塾慕名而來，在這裡明白了學習的樂趣。

據說松陰家是「被剝奪士籍的罪人家」，父親阻止他去松下村私塾，但他背著父親，晚上去唸書。

松陰透過誇獎晉作的總角之交——久坂玄瑞，使晉作發憤向學。他雖然不會強制或控管學生的行爲，但是認爲要對沒有學習意願的人說重話，適度地激起學生的競爭意識。

到頭來，重要的是能否遇見讓學生順利度過那段無法產生學習意願、幹勁的期間的人。有人會情緒低落地說「爲什麼我非唸書不可呢？」「唸書一點都不有趣，麻煩死了」，對於這種人來說，遇見能讓自己對唸書產生熱情的老師很重要。

無法產生幹勁的人缺少了什麼呢？

不是需要別人一直催促他「唸書、唸書！」而是遇見**樂於學習、一輩子活在學習的樂趣之中的人**。

而且這種人一旦產生某種目標，**接觸到想積極地朝那個目標前進的態度**，就會受到更強的感化；覺得「噢，我也想學」。

高杉晉作也是如此。

重點在於能不能讓學生對於學習變得積極。

「互相教導學習法」會使人提高學習意願

包含商務人士之間的交流用意在內，有越來越多人參加讀書會。也可以邀請講師演講，但我認爲，**讀書會是最適合「互相教導學習法」**的一種方法。今天由對此精通的人擔任講師，下次換別人，大家輪流當講師互相教導。

有事想告訴別人，或者必須教導別人時，人的集中力會大幅提升。

我曾經看過納入「互相教導學習法」的小學上課的情形。

會的孩子一說「啊，我會了」，不會的孩子就會說「那你教我」，聚集到會的孩子身邊。

被教的孩子會說「你這樣教，我不懂啦」「你就不能用更好的方式說明嗎？」用詞相當尖銳。並非一味地被動學習。因爲地位對等，所以才能有話直說。

教人和被教的孩子，學習意願都會明顯提高。

即使是在小學生的教室裡，透過互相教導，學習的氣氛也會明顯不同。

因爲**教別人會使人提高學習意願**。

縱然是一個人容易受挫的學習，若是和夥伴一起學習就不易受挫。

我之前會活用自己必須透過訴說才背得起來的特質，呼朋引伴地一起採取「對話型學習法」。這也是互相教導學習的一種型態。

我認爲，這種做法也適用於英語會話或唸書準備考證照。

松陰的教誨中有這麼一段話：

「立志是一切的起點。而愼選交友對象，有助於實踐自己的仁義。讀書思考古今聖賢的教誨，融會貫通。」（《野山獄文稿》）

這也是古今不變的普遍原理。

以「眼觀四處、耳聽八方」為目標

有一句話叫作「眼觀四處、耳聽八方」。

意思是**具有觀察力、收集資訊的能力，見多識廣，精通萬物**。松陰想成為這樣的人。他對塾生說：你們也應該如此。

松陰向多方延伸觸角，獲得資訊，將自己的見聞記錄於「飛耳長目錄」，作為私塾的教材運用。無法到處遊歷之後，松陰會將塾生以信告知的見聞詳細地記錄下來。

「眼觀四處、耳聽八方」是今後越來越不可或缺的基本條件。

據說最近的日本年輕人有「宅在家」的趨勢，不會積極地親身增廣見聞；不想留學。大學生也是如此，聽說即使出社會工作，公司內部有留學制度，也有越來越多人說「我不想去」，拒絕留學。

這是非常悲哀的事，即使在家獲得的資訊再豐富，光靠這些資訊並不會養成定位自己未來方向的能力。唯有親身接觸，才能自行思考、判斷。

舉例來說，就算透過網路知道南非是一個怎樣的國家，那也不是自己親身獲得的知識。去看過世界盃，才能說「雖然媒體這樣報導，但實際上是這樣」。如果沒有實際體驗，就無法說出自己的想法。之所以越來越無法訴說自己的意見，也是因爲沒有親身經歷過。

獲得諾貝爾化學獎的根岸英一是美國普渡大學的特聘教授，他也擔心日本人的國外留學生少，發出「年輕人出國留學吧」這種訊息。若是企圖偷渡的松陰，八成會立刻應好。

在家搜集資訊並不算是延伸自己的觸角。我覺得實地到處觀察，將獲得的感想銘記在心比較重要。

尋求感化而衷心敬仰

受感化者的意識也會影響感化程度。若是態度冷淡地不屑一顧，就無法從對方身上獲得感化的能量。

我想，如果遇見給予自己正面刺激的人，就要在社會規範的範圍內，也就是在不會給對方添麻煩的範圍內，以敬仰的心情請求指導。

對我而言，具有強大感化力的老師是專攻政治社會學的栗原彬老師。栗原老師原本是立教大學的教授，但在我唸研究所的時候，他來到東京大學任教。老師的課採取的是每週唸熟一本指定書，然後在課堂上發表的繁重型式，但這種做法非常適合我。

後來，老師任教於市民大學時，我成爲他的助教，在往返的電車上和老師聊天是一種樂趣。有一陣子，我一提問，老師就會順口建議：「看這本書不就好了嗎？」我立刻跑去買來看，然後告訴老師感想，又發現邁向下一步的課題。就這樣從老師身上獲得驅使我不斷前進的動機。

有一天的回程路上，我一說「老師，我想看的書太多，不知從何看起」，老師便應道「是啊。該讀的書多到數不清，人生再長也不夠用。人生中不可能無聊到沒事可做」，然後說「如果抱著求知欲一直讀書下去，一輩子都不會感到無聊」，讓我增添了勇氣。

我主動想獲得感化，從老師身上學到了**讀書是一件越來越有趣的事**。

公司和工作關係中，一定有像栗原老師這種刺激自己產生熱情的人。

「和部長一起工作，我的工作動機會大幅提升。我可以把您當成學習的對象嗎？」

也能夠像這樣老實地說出對上司的敬仰，請部長讓你和他一起參加企劃會議等，定期地接受刺激。

建議你採用本節的做法

- ☑ 總覺得無法產生學習意願的你
- ☑ 一個人就難以鼓起幹勁的你
- ☑ 想去看一看這種好奇心旺盛的你
- ☑ 一知道什麼就好為人師的你

No.7

獻給忍不住縱容自己的你

福澤諭吉

大家一起共讀學習法

學荷語是諭吉開拓人生的契機。他在講求實力的適私塾學會荷語，成為蘭學（譯註：江戶時代，透過荷蘭傳進日本的歐洲學術、文化、技術的總稱。）的講師，覺得自己必須學習西方知識，獲得赴歐美留學的機會，接觸西方文明。他是如何學會開啓智慧之門的鑰匙——荷語的呢？

塾生自治性的學習場所

和從老師身上獲得思想感化的「松下村私塾」呈對比的是，江戶末期位於大阪的知名私塾「適私塾」。

這一間是荷醫（譯註：採用荷蘭醫術看診的醫生）——緒方洪庵成立的「蘭學私塾」。總之，這裡有許多醫學生，但在當時，如果不會荷語就無法學習西方知識，所以塾生非常多。

其特色是**塾生像進行自治活動一樣，一面切磋琢磨，一面學習**。

洪庵一面以荷醫的身份看診，一面在這間私塾指導學生長達二十四年，直到以幕府醫官的身份搬遷至江戶為止。雖說是指導，但身為醫生的洪庵工作繁忙，很少直接授課，所以適私塾的方針是**基於資深塾生的指揮，大家自行學習**。考試和升級也全都交由塾生的判斷進行。

包含福澤諭吉、橋本左內、大村益次郎、大鳥圭介、佐野常民等人在內，畢業於適私塾的人高達一千人以上。

一旦入學，就會先拿到荷語的文法書，基於高年級生的指導，學習基礎。只有一開始，高年級生會親切地教導，接下來就要靠自己增強實力，向上提升。

當時，無法人手一本字典。適私塾有一個俗稱「朵夫房」的房間，裡面擺著一套荷語字典《Doeff-Halma》的抄本。塾生各自去那裡查字典。當然，因爲大家會擠在那裡，所以要查一個單字也不容易。

依學力從初級分成七、八個等級，再上去是塾監、塾長。

每個月有六次考試，會在固定的日子進行讀書會形式的「集體閱讀討論」。眾人抽籤分配自己從哪裡讀到哪裡。正確解讀自己被分配到的部分，就能獲得「○」。做不到則是「●」。流暢地唸完自己該唸的範圍，就會被打上白色的「△」。它的意思是比「○」優秀三倍。

月底統計成績，若能在現在的等級維持三個月第一名的成績，就能升級。

這雖然是嚴格的自由競爭，但卻不是踩著別人的頭往上爬的競爭，只要自己增強實力就能升級。大家將之視爲和自己的比賽，認眞唸書。

因此，諭吉說：再懶惰的人在集體閱讀討論的前一晚大多也會挑燈夜戰。

適私塾的二樓是塾生的宿舍。包含一個十五坪左右的大房間在內，有好幾個房間，大家在那裡生活、唸書。總之，就是一群人住在一個大房間。沒有任何個人隱私。天氣熱的話，大家就打赤膊。誰多用功，大家都看得一清二楚。眾人在這種環境中切磋琢磨。

諭吉的「頑強精神」

福澤諭吉出身自中津藩的下級武士家。他厭惡封建社會的身份制度。

福澤之所以會開始學習西方知識，是哥哥勸他去學的。哥哥說：中津沒有人會西方知識，於是勸諭吉不妨去嘗試看看。

姑且不論學習西方知識，我之所以前往長崎，只是因為受夠了中津這個窮鄉僻壤，不管是文學或武術，只要能夠離開家鄉，我求之不得，因此啓程前往長崎，對於離鄉背井，我沒有絲毫不捨。如今，我仍記得當時一個人暗自竊喜：誰要待在這種鬼地方?!一旦離開之後，我就再也不要回來了，今天真愉快；朝身後吐了一口唾沫，快步跑走。

《福澤諭吉自傳》

諭吉好強地心想：既然離開家鄉，我一定要把書讀好。他對哥哥誇下海口：「只要是人看的文字，哪怕是洋文，我也照看不誤。」果然**越有骨氣的人，就越能讀好書**。

諭吉一開始來到長崎，在那裡向醫學生從頭學習西方知識，但是心裡十分擔心：這樣眞的會進步嗎？感覺很不踏實。諭吉暗自在心中立定雄心壯志：總有一天，我要教這個人西方知識。

後來，諭吉來到大阪，進入風評良好的適私塾。他一開始通學，但是因爲得了傷寒、哥哥去世而停止唸書。重新開始唸書之後，諭吉也住進私塾二樓，展開住宿生活，專心唸書，迅速嶄露頭角。

適私塾的體制是無關身份高低，有實力的人就能升級，一分耕耘一分收穫，所以令諭吉產生了非常強大的學習動力。不久之後，他成爲塾長。

有趣的是，諭吉成爲塾長時，覺得一個來到適私塾的新生似曾相識。他居然是在長崎教過自己基本西方知識的醫學生。曾幾何時，諭吉立志：總有一天，我要教這個人西方知識；沒想到這個雄心壯志竟然實現了。

三、四年之間，今昔的師徒關係易位。我不知天高地厚的野心成真，我當然沒對人說過這件事，也不該說，但當時樂不可抑。我獨自飲酒，洋洋得意。（同前）

諭吉笑談過往，但這代表微不足道的野心也是向上提升的原動力。

「不苦亦不樂」

諭吉是以怎樣的感覺在學習的呢？

> 傍晚用餐時，假如有酒便喝，天黑即就寢。一覺醒來，大概是如今的十點或十點多（譯註：江戶時期採用不定時制，即依照實際的季節轉換、晝夜長短劃分時間，因此有些較長、有些較短。），然後起身唸書，讀到黎明，一聽到廚房傳來準備煮飯所發出的咕嘟咕嘟聲響，復又入睡。睡到私塾的伙夫剛好煮好飯時起床，直接去公共澡堂晨浴，然後回私塾吃早餐，接著又讀書。待在私塾的期間，幾乎都過著這種千篇一律的日子。（同前）

距離下一次集體閱讀討論還有時間的時候，塾生也會偷懶一下，但基本上每天除了唸書，還是唸書。諭吉說：「對於唸書的熱情，八成沒有人比適私塾的塾生更認真」。

不過，從早到晚苦讀艱澀的原文書，看似樂在其中，其實看得一頭霧水，但有所進步時，書生的心底自有一種樂趣。（中略）因為艱澀，所以有趣，那應該是一種苦中有樂、苦即是樂的處境。（同前）

苦雖苦，但辛苦也別有一番樂趣。唸書本身就是一種快樂。既沒有獎賞，一時之間也不會有所成就。儘管如此，爲何要這麼辛苦呢？終究是因爲快樂。

「一個屋簷下」會醞釀出幹勁和感情

因爲幾十個精力充沛的年輕男子聚集在一起，所以稱不上是品行端正，有許多這方面的故事。

據說「適私塾裡，人手一把除蝨梳」，所以自然能夠想像他們有多麼缺乏衛生觀念。

夏天炎熱，所以大家都打赤膊。諭吉說他曾經一絲不掛地撞見洪庵老師的妻子，感到非常丟臉。

適私塾採取的是**所有人在一個屋簷下朝夕相處，同吃一鍋飯，袒裎相見，大家一起討論，向上成長的「切磋琢磨」學習法**。

青春時期，有志一同的一群人在互相討論的過程中，會培養出一輩子的情感。因此不難想像，在適私塾的各種經驗，成爲諭吉後來開慶應義私塾時的參考。

我也有關於唸書集訓的回憶。

學生時，有一種「學生村」會在暑假期間，接受唸書的學生去那裡唸書集訓。我去的地方位於長野縣，小海線的小海站附近。一般的民宅會在暑假期間提供民宿。房間裡準備了書桌、檯燈、寢具，提供三餐，在那裡專心唸書兩、三週。

我是去唸書準備考大學，也有人要考醫學院的國家考試，或者要考司法考試。雖然年齡層和要考的考試各不相同，但目的都是專心唸書，度過夏天。各自爲了唸書而來，所以會對彼此造成正面的刺激。

爲了轉換心情而去玩的時候，大家會在小學的操場打棒球、跳進瀑布潭、入夜後放焰火，適度地宣洩壓力，在唸書和玩樂之間取得平衡。

因爲這個經驗太過有趣，所以我考上大學之後，也會扛著一堆書去。

如今，聽說大型的補習班一到暑假，就會舉辦四、五天的唸書集訓。八成是因爲**一起吃飯、睡覺，努力唸書，具有醞釀出幹勁的效果**。

除此之外，還有完全**適應人際關係**這個附帶的效果。如今，有不少人非得住個人房才睡得著，或者無法和別人一起洗澡。若是熟知對方的脾氣，習慣與人相處，就會養成一個人學習所無法獲得的社會適應性，也會變成一個成熟的人。

我替自己教的一群大學生準備一個舉辦集訓的機會，結果他們的團結性迅速提升，從此之後，他們形成了將來恐怕會在畢業典禮上抱頭痛哭、情比金堅的革命情感。感覺上，這是一種適合年輕人的「青春學習法」，但大人若是這麼做，一定也會心靈相通。集訓學習法確實具有喚起熱情的效果。

建議你採用本節的做法

- ☑ 忍不住縱容自己的你
- ☑ 想習慣與人相處的你
- ☑ 真的想增強實力的你
- ☑ 想提高團隊團結性的你

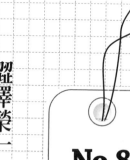

No.8

你獻給沒有精神支柱的

澀澤榮一「我的經典」學習法

如今，人們重新翻閱澀澤寫的《論語與算盤》。在世人普遍認為「做生意是一件卑賤的事」的時代，近代實業界的大人物為何想將《論語》的教誨運用在商業上呢？

將《論語》作爲心靈支柱的生活方式

澀澤榮一從一橋家的家臣變成幕府的臣下，維新後在大藏省（譯註：日本自明治維新後至兩千年的中央政府財政機關，相當於我國的財政部，主要業務有七大項，即國家的財政、通貨、金融、外國匯兌、證券交易、造幣事業及印刷事業；之後改制爲財務省和金融廳。）竭盡心力打造金融體系，於明治六（一八七三）年辭官，換跑道進入實業界。澀澤說：

> 一開始要成為生意人時，我心裡忽然覺得，今後更要以微利謀生，思考該如何立定志向。這時，我想起了之前學過的論語。論語教我們如何在日常生活中修己。論語是一部最趨近完美的經典，我想，也許能以它做生意。
>
> 《論語與算盤》

澀澤出身農家，從小學習《論語》，所以忽然想起了《論語》。他心想，不妨將這部「教我們如何在日常生活中修己」的經典作爲判斷所有事情的標準。

這可說是相當劃時代的想法。因爲在當時的日本，一般人認爲**《論語》的教誨和**

經濟活動背道而馳。

江戶時代，「武士不可以想要賺錢」這種想法代代相傳。《論語》被定位爲教導武士精神規範的經典；和不去思考如何追求財富的武士精神不謀而合。一般人認爲做生意是一件卑賤的事。所謂「士農工商」，爲何商人的地位最低呢？那是因爲世人認爲，商人不事生產，只以別人製造的物品牟利。

澀澤決定投身於實業界時，來往甚密的官僚同事說：「你應該再過不久就會成爲機關首長或部長，大丈夫應視錢財於無物，你怎能受到金錢迷惑而成爲商人?!你身爲官員，應該爲國家盡心盡力才是。」

相對於此，澀澤語氣強烈地予以反駁：

> 我要以論語貫徹一生。賺錢為何卑賤？我翻閱論語等眾多典籍，辯駁說服他：如果像你一樣瞧不起金錢，國家何以為繼？官位高沒有那麼了不起。人該從事、值得尊敬的工作到處都是。不是只有官才尊貴。而且我認為論語是最完美無瑕的經典，所以在明治六年五月下定決心，要以論語的教誨為標準，從商一輩子。（同前）

從事經濟活動並不卑賤。如果認爲那很卑賤，日本就無法繼續身爲近代國家。**我**

要以《論語》貫徹一生——澀澤下定決心要將《論語》作爲心靈支柱、中心思想，重新研讀《論語》。

應謀求經濟與道德的協調

澀澤從幕府末期到維新時期，正好跟著德川昭武（慶喜的弟弟）走訪歐洲，學習股份有限公司的架構。他認爲：雖然必須不斷研究、採納西方體系的優點，但日本也有許多歷史悠久、難以割捨的事物，並非凡事模仿西方就好。

令人難以割捨的事物之首，即是日本對於事物的思考方式——儒家的教誨。

在此之前，一般人認爲《論語》是武士在唸的經典。但那只是朱熹等學者將《論語》化簡爲繁，**《論語》本來是適合世人參考的實用教誨。澀澤認為：孔子訴說的精神性當中，具有人活在世上的普遍性。**

而越研究《論語》，越確信它也通用於經濟活動，且更令人認爲：**經濟活動和孔子的教誨絕對不會互相牴觸，反而應該使它們結合。**

重點在於道德。

澀澤認爲：並非賺錢不好，而是賺錢時不把道德擺第一這一點不好。

若是遵照《論語》中重視的仁義道德經營，就不會過度追求私利，被私欲沖昏了頭。澀澤強調一點：**經營的關鍵在於「經濟與道德合一」**，重點是能否結合《論語》的精神。

自從失去了「經濟與道德合一」這個想法之後，日本迷失了該前進的方向。

> 假如實業家爭先恐後地汲汲營營於謀求私利私欲，只要自己獲利，不顧社會變得如何，社會就會變得越來越不健全，該嫌惡的危險思想肯定會漸漸蔓延。（同前）

這正是現代社會的模樣。

因爲實業家不知悔改，認爲「只要自己獲利即可，資本主義本來就是這種社會」，不再從爲了對公共有所貢獻、改善整個社會的觀點經營，經濟活動中才會失去了道德觀。

企業的守法經營受到質疑的案件和問題層出不窮，人們開始對於企業經營的狀態起疑。

澀澤榮一是草擬銀行法規，在日本建立銀行金融體系的人，所以知道信賴性在經濟活動中有多重要。經濟首重信用。銀行也因爲有信用才能成立。

所以他敲響警鐘。實際上，銀行和企業信用掃地的事情頻頻發生，所以人們如今才會重新注意到澀澤寫的《論語與算盤》。

先人的智慧會成爲精神的援軍

將《論語》作爲精神支柱是指，使《論語》的內容深植心中，任何時候只要一想到，腦海中就會浮現《論語》的語句。

除了《論語與算盤》之外，澀澤也出了《論語講義》（講談社學術文庫）這本研究書籍，這是一部由七本文庫本構成的鉅作。他自己研讀，聽別人講解，自己也談論，於是凡事都能以《論語》思考。

重點在於「能夠當作自己的問題切身思考」。

吉田松陰將《孟子》當作自己的問題，在野山獄和松下村私塾淺顯易懂地教授。前面已經提過，眾人對此感興趣地聚集而來。

切身行動需要一點技巧。不只是讀了內容之後接受，還必須身體力行。必須經過平常的訓練，才能做到這種思考方式。

於是，我在大學出了一個「引用《論語》，發表一件好事」的課題。

「時間限制三分鐘。情境是自己成爲學校老師，在早上短暫的班會時間向學生訴說，請搭配《論語》中的話，訴說自己的親身經驗。」

這麼做之後，大家都說：和《論語》之間的距離比之前更近了。一旦能夠和自己的經驗結合，那句話的分量就會截然不同。也有人覺得精神層面有所成長。

「稍微對《論語》有所體悟了吧？這代表《論語》成了你們的精神結構的一部分。」

若是反覆這麼做，好幾根細的骨架就會聚集在一起，逐漸成爲自己的支架。

經營者經常引用《論語》。

舉例來說，和田的董事長——渡邊美樹也經常訴說《論語》。我曾聽說，他會「躺著看」，不是心想「要將它運用在工作上」，以嚴謹的心情閱讀，而是在放鬆的狀態下隨手翻閱，但實際上做生意遇到嚴重的問題時，便會忽然想起「對了，孔子也這麼說」，能夠作爲該如何面對的參考。我想，《論語》已經成了指引他行動的準則。

擁有這種經典的人意志堅強。畢竟，**有孔子在當他的精神後盾**。《論語》中的話**會在需要下決定的分岔路口，從背後推自己一把**，所以容易下定決心。

向經典尋求心靈支柱，其好處就在於此。基於某種一貫的思想、哲學建構的經典，其中包含了能夠因應各種狀況的教誨；具有在精神上助自己一臂之力的效果。我前一陣子試著翻譯了整本《論語》。我切身感覺到，其中充滿了活在現代的我們可以用來重新檢視生活方式的金玉良言。

兩千五百多年來，孔子獲得了「這個想法很好，對我有幫助」的支持。信徒之多，無人能及。

澀澤榮一也建議大家讀《論語》。他一輩子參與創立，或者聯名的企業據說多達近五百家。澀澤擁有這麼多經驗和成績，建議大家最好把《論語》當作經商的信念，這更具有說服力，《論語》無疑是心靈的援軍。

自己的信念是從自己的親身經歷中導出，不借用任何先人智慧的人真的強嗎？

說到景氣好就高興，說到景氣差就嘆氣，如果還想搬出順境、逆境的話，只是被情況和心情牽著鼻子走。沒有帆柱的船會任由大海擺布，一點也不可靠。無論任何時候都擁有不容動搖的絕對自信的人當然很好，而沒有這種自信的人透過**向經典尋求心靈依靠**，將不會在人生中迷失方向。

建議你採用本節的做法

- ☑ 沒有精神支柱的你
- ☑ 下決心時容易被當時的心情牽著鼻子走的你
- ☑ 想擁有不容動搖的原則的你
- ☑ 考慮創業的你

No.9

獻給天生反骨或性情乖僻的你

香奈兒
觀察鏡中的自己學習法

香奈兒交遊廣闊，認識畢卡索、尚・考克多、史特拉汶斯基等名人。然而，她一定會抽空重新檢視自己。因為面對自己的這個儀式，正是她違背常識的創意起點。

人稱「大衆殺手的天使」的女人

香奈兒是大幅改變二十世紀女性時尚的革命家。

說到在那之前的女性型態，固定都是奧黛麗赫本在《窈窕淑女》中穿的那種以束腹勒緊腰部的套裝，搭配有羽毛裝飾的帽子，但香奈兒創造了讓女性更方便行動的機能性時尚。

顚覆時尚的常識，使在那之前的高級定製時裝設計成為過去的古董。

「大眾殺手的天使」即是因此獲得的綽號——

香奈兒是一個多情的女人，經歷一次又一次轟轟烈烈的戀愛，所以這個綽號語帶雙關。

她明明已經去世將近四十年，但如今仍陸續出版香奈兒的評論性傳記，經常改拍成電影而引發話題。儘管她是人氣時尚品牌的創始者，但她爲何如此受歡迎呢？

因爲她對女性的影響力甚鉅。她的個性和言行高調，有很多不能見人的部分，而且身世十分神祕，眞相如今仍舊不爲人知。她擁有許多令人無法輕易完全理解的部分，變成了無盡的魅力。

在許許多多的評論性傳記當中，《我沒時間討厭你：香奈兒的孤傲與顛世》最貼近地描述令人無法輕易完全理解的香奈兒，出版年份久遠，但在解讀香奈兒的學習啓發時，非常值得參考。

舉例來說，其中有一段這樣的敘述。

> 香奈兒的個性有菱有角，做生意的直覺準確，說話直接，從不拐彎抹角。格言連珠炮似地從她口中迸出來，宛如焰火般精彩。她的說話方式像是激流從復仇女神——厄里倪厄斯（Erinnyes）的口中噴出般口若懸河。手段耍得高明。送禮時的態度盛氣凌人，彷彿要賞人一記耳光。她會打電話來說：「我送你藝術玻璃珠的黑人雕刻。我不希望你繼續惹我生氣。」
>
> 這些傾向全都是她悲慘少女時期的心靈創傷，化為攻擊性的言行流露於外。

若是更具體地說「有稜有角的個性」，即是「喜愛造成別人痛苦、想對一切定罪的要求、自尊心強、嚴格、冷嘲熱諷、破壞者的憤怒、無論是熱情或冷漠的時候，總是在煩惱的獨裁性格……」等情緒交織在一起。

不過，她並沒有人格分裂。她有堅定的中心思想，人格始終如一。即使交遊廣闊，但總是保有別人接觸不到的自己。

「悲慘少女時期的心靈創傷」是指，她從小在孤兒院長大，但是她**沒有將自己成長的環境當作負資產**。她反而倒行逆施，將之轉化爲美的養份。**縱然身處逆境，她也會予以吸收消化，提出不同於以往的「特殊的美」**。這正是無敵的「逆轉的想法」。

違背常識的創意——不隱藏缺點

香奈兒有許多特色，舉例來說，她有一個提出「黑色」的理念。她說：女性在本質上不會以顏色挑選衣服；提倡以黑色爲基調的素雅色調。

這件事的背後，是受到了她小時候在孤兒院和修道院的寄宿學校，被迫穿只有黑色和白色的衣服的影響。換成是一般人，如果度過這樣的少女時期，長大成人之後就會想盡情穿喜歡的顏色，但香奈兒卻不是如此。

她非但不自卑，反而充滿自信。我認爲，她比任何人都瞭解黑與白的美，所以向世上沒有挑衣品味的女人指出這一點。

自尊心強的她，不曾坦白地告訴別人自己的過去。她捏造許多虛構的事，加油添醋地訴說過去，令人分不清什麼是事實，什麼是虛假。評論性傳記之所以一本又一本地出版，也是因爲沒有一本能夠斷定眞相。

據說香奈兒非常愛書，會以原創的黑色與米白色的封面替重要的書裝幀，然後排得整整齊齊。她似乎無法忍受書櫃中處於五顏六色的狀態。

「替自己訂定紀律。女人的一切始於此。」

重視紀律也是她在孤兒院和修道院培養出來的特質。

香奈兒凡事都不想破壞既有的事物，擁有獨自的紀律。

不要以束腹硬是勒緊腰部，而是將套裝作成自然的線條，呈現出女性的柔美曲線。對於香奈兒而言，紀律不是基於男人強加在女人身上的這種感覺，而是女性本身的感覺，而且是思想沒有僵化於上流階級這個框架中的女性的感覺。

「女人之前以蕾絲和束腹盛裝打扮，弄得自己喘不過氣。我使女人的身體恢復了自由。」

她跳脫女人的衣料就是絲綢這種既定觀念，使用斜紋軟呢和佳績布。納入女性襯衫這個概念，製作需要走動的優雅女性可以到處穿的型態。香奈兒是第一個替女性衣服縫上實用性口袋的人，如今在時尚秀中，模特兒把手插在口袋裡走路變得理所當然，但創始者可是香奈兒。

不隱藏缺點。反而要隱藏優點。這也是香奈兒的原則。

缺點明明是一種魅力，大家卻費盡心思在隱藏。只要妥善使用缺點即可。只要妥善使用缺點，一切都有可能。假如有美德，就必須隱藏。不過，重點是要讓人知道美德被隱藏起來了。（同前）

她以一頭美麗的烏黑秀髮爲傲，但卻刻意剪短。就當時的感覺來說，剪成短髮就像是放棄當一個女人，所以人們一時之間跟不上這種激進的行爲。不過，人們漸漸接受，過了五年左右，香奈兒的短髮型態蔚爲風潮。

或者故意將高價的毛皮車縫在風衣的內裡，從外面看不見，藉此同時創造出俐落感和穿著毛皮的奢華感。

香奈兒基於獨自的紀律，一而再、再而三地跟常識唱反調，逐漸在時尚界颳起一陣大旋風。

從一流的交友關係獲得許多啓發

香奈兒的交友關係也相當精彩。

她在巴黎社交界之花——米希亞的沙龍裡，和畢卡索、達利、尚・考克多、史特拉汶斯基、戴亞吉列夫等天才藝術家來往，從中獲得許多靈感。

此外，她也從不同時期的戀愛對象身上獲得啓發。

舉例來說，香奈兒最愛的情人——亞瑟・卡柏（鮑伊・卡柏）使她想到了納入英國風紳士服的素材和剪裁。

我老是穿羊皮大衣和難看的衣服。

鮑伊・卡柏說：「如果妳那麼喜歡英國風紳士服的話，到英國人的西裝店把西裝修改得更優雅一點不就好了。」不久之後，正是他的這句話，使得「香奈兒時尚」這家帽子店在康朋街開幕。（同前）

情人隨口的這麼一句話，使得優雅而合身、穿起來舒服的香奈兒套裝誕生了。

香奈兒與英國的威斯敏斯特公爵的戀情最轟動社會。她從威斯敏斯特公爵送她的高價珠寶獲得啓發，開始設計使用大顆人造寶石的珠寶。或者從來看戴亞吉列夫的芭蕾舞的觀眾群掌握時尚偏好，和迪米崔大公爵交往，而獲得了香水「香奈兒5號」的啓發。

香奈兒的**吸收能力驚人**。她不會向啓發她靈感的人獻媚。而是身爲一個獨立的人，保有完全的自我風格，任性且強勢地對待對方。八成是因爲**她的感性與創造力豐富，所以她的內隱知識**（譯註：Tacit Knowledge：指隱藏於腦內，對事情的看法、經驗、判斷、決策、創意等。）**會擷取到許多事物**。她能夠自行過濾吸收的啓發，化爲嶄新的創意，呈現出走在流行尖端的樣式。

我想，對於香奈兒而言，和當代最有才華的人交往是一段愉快的時光，也是寶貴的吸收啓發的時光。

不難想像她出眾的吸收能力、逆轉的想法與創意、當時的女性少有的獨立自主性看在男人眼中，都是朝氣蓬勃的魅力。

關鍵字是「鏡子」

儘管交遊廣闊，但香奈兒還是會獨自重新檢視自己，珍惜看書的時間。她不會因爲開心就沒有節制地通宵喝酒，一到某個時間，她就會迅速進入書房。

書是我最好的朋友。假如收音機是會說謊的箱子，書就是寶物。再無聊的爛書也

會對我有所助益。（中略）書中有偉大的戒律，也能從中發現人的不可思議之處。（同前）

香奈兒的基本精神是**在規律的生活和孤獨中發現自我**。

因爲從嚴峻的狀況出發，所以孤獨感在她的內心深處根深柢固。

假如她活在現在這個時代，八成晚上也不會跟朋友通E-mail，或者在網路世界玩，一整天一直泡在來自外界的資訊之中。

此外，她習慣透過照「鏡子」，客觀地重新檢視自己。

鏡子會將我的嚴格反射回來。鏡子和我之間的戰爭會在一瞬間定勝負。鏡子會說明我的人格。我是一個判斷準確、有能力、樂觀、強勢、實際、勇於挑戰、詼諧、多疑的法國女人。而我最後會在鏡中看見一雙閃閃發光的眼睛。那雙眼睛也是我的心扉。那時，我會發現一個女人。一個可憐的女人——（同前）

凝視鏡子的時間是拾回自我的時間。不會忘記客觀地看待自己。

照鏡子的重點**不是只看五官或外形。照鏡子是為了思考自己如何做人**。要從鏡中找到自我認同。一面照鏡子，一面思考自己是什麼。

透過「照鏡子」這個行為，重建、告誡、自制、鼓勵眞正的自己，並且產生逆轉的想法。香奈兒從鏡子獲得了自我風格、心靈依靠。

她會在孤獨的時候，擁有面對自己的時間。雖然從交友關係中獲得各式各樣的靈感也很重要，但擁有寧靜的時光，一個人看書，或者觀察自己，也能冷靜地接受來自外界的刺激，重新思考。

如今這個時代，能夠一整天一直與人接觸，所以我認爲，像香奈兒這樣面對自己的做法會變得更加必要。

建議你採用本節的做法

- ☑ 天生反骨或性情乖僻的你
- ☑ 容易被身邊的人牽著鼻子走，迷失自我的你
- ☑ 想和別人做不一樣的事的你
- ☑ 想重視直覺，活在創作中的你

No.10
獻給想養成每天規律學習習慣的你

全部背下來的外語能力學習法

木田元

木田元老師翻譯過許多哲學書，他的外語學習法是「全部背下來」。他之所以能夠運用這種優異的記憶力，以常人無法想像的步調學習，有一個很大的理由。

以記憶力獲得外語能力

木田元老師是一位哲學家，他在《無法成爲黑市交易者的哲學家》中，訴說許多自己的學習過程。其中，關於學習外語的話題既具體又有趣，所以我要在此向大家介紹。

他在進入大學之後，大一、大二、大三分別學習德語、希臘語、拉丁語，進入研究所之後，第一年全心學好法語。聽說他的祕訣是全部背下來。

我入學之後，馬上從四月開始學習德語。不能毫無計劃地土法煉鋼。我買了一本薄薄的教科書回來，花一週左右記牢文法架構。另外，因為專題研討中已經在使用康德的《純粹理性批判》，所以我兼作預習，翻字典查其中出現的所有生字，將它們背起來。然後，我找來關口在男寫的《新德語文法教程》這種中高級的厚重文法書，每天唸一課。除了仔細做練習題之外，還把每一個生字都背起來。

聽說木田老師爲了準備考試在唸英語的時候，學會了外語的自學法。

《無法成爲黑市交易者的哲學家》中提到，有一本寫得非常好的英語參考書，「只要把這本書中出現的單字全部背起來，就有六千字的單字量」。因此，木田老師將它們全都背起來了。

爲了準備考大學，他也將世界史、哲學史的參考書內容全部背下來。聽說**全部背下來的技巧就是「反覆地一背再背」**，沒有巧門可鑽。木田老師將背誦當作「技巧」。**他將以「背誦」為主的做法當作自己的致勝招數，擬定了策略。**

從四月到六月是「外語月份」

關於背單字的方法，木田老師如此提到：

舉例來說，一天背四頁單字冊。依序看日語的譯語，寫下英語。在寫錯的單字前面作記號。如果寫錯，就再反覆一次。原則上，要做到全部會了為止。第二天複習第一天的四頁之後，一樣背那一天的四頁單字。第三天複習之前的八頁單字之後，再背那一天的四頁單字。三天下來，第一天的四頁單字就幾乎不會再寫錯。到了第六天，省略掉第一天的四頁單字。以這種方式不斷往下背。

不過，這必須每天背。因為即使記得昨天的單字，往往會忘記前天的單字。若是忘太多，就會自暴自棄地不想背。記性再差的人只要連續看五天單字，一定會背下來。就算記憶力特別差，以這種方式去做也能背起來。不過，要花時間。然而，若是每天持續，這件事就會變得有趣，不再覺得痛苦。（同前）

這是他背英語單字時的事，但聽說他也是以一樣的方式學德語。

一旦邁入新學年，四月一日到六月三十日就是他的「外語月份」，他一天會花八小時左右學習外語。

唸文法，記得名詞和動詞的變化，將希臘語譯成英語、將英語譯成希臘語的練習題也全部做。因為練習題是短文，所以我把它們全部背下來，並將練習題中出現的生字全部抄到單字冊，再以剛才提到的方式背。（同前）

一路唸下來，大概要花八小時左右。除此之外，還必須預習哲學的專題研討。一天的唸書時間高達十五、六小時。

> 六月之前唸文法，之後從夏天到冬天挑一本希臘語和拉丁語的書，抱著字典和翻譯書看。學希臘語時看的是柏拉圖的《蘇格拉底的自辯》（Apologia of Socrates），而學拉丁語時看的是凱撒的《高盧戰記》。（同前）

能夠看懂一本原文書時，大致上就學好一種語言了。

等到眞的想唸書再唸即可

木田老師爲何能夠如此用功，以其他人很難模仿的步調持續學習呢？

他說：**我很慶幸自己過了二十歲才真的想唸書、想研究哲學，然後進入大學就讀**。

聽說木田老師是遇見杜斯妥也夫斯基，沉浸在他的世界中，讀完杜斯妥也夫斯基的所有作品及杜斯妥也夫斯基論，在讀注解書的過程中，想要研究哲學。

> 那一陣子，我大概改頭換面了。我看到高中同學渾渾噩噩地從高中升上大學，覺得他們看了就討厭。（中略）事後回想，我覺得有點不好意思，那一陣子覺得自己終於找到了自己想做的事，覺得唸書的樂趣無窮。我認為，自己的決心和渾渾噩噩地從高中升上大學的傢伙不一樣。好像等到真的想唸書再進入大學就讀比較好。
> （同前）

因爲眞的想唸書，所以才能熱衷地學習主修課程所需的外語。

木田老師說他進入大學之前，經常針對絕望思考。他看完深受克爾凱郭爾和杜斯妥也夫斯基影響的海德格的《存有與時間》之後，認爲也能學點什麼，找到自己對於絕望的答案。

但是，**學習外語反而適合安定神經**。他說：

> 若是一天規律地唸七、八小時外語，就會切身地感覺到實力一點一點地在增加。就這個層面而言，學習外語會安定神經。坂口安吾在〈學習記〉這個初期的短篇小說中提到，他為了治好神經衰弱而學習巴利語和西藏語，結果因此不藥而癒，所以學

習外語對於精神衛生非常好。（同前）

我想在下一節談一談，坂口安吾是怎麼使精神穩定下來的。

建議你採用本節的做法

- ☑ 想養成每天規律唸書習慣的你
- ☑ 想在短期間內增強閱讀能力的你
- ☑ 為了想做的事而必須讀原文書的你
- ☑ 對背誦能力有自信的你

No.11

獻給因為焦躁和不安
而悶悶不樂的你

坂口安吾

停止胡思亂想的查字典學習法

安吾因為太想窮究印度哲學而成天胡思亂想，精神上飽受折磨。因此，他一味地查字典，埋首於學習多種外語，倒不是為了精通外語，而是作為調養精神的方法。

學習外語會慢慢出現成果

坂口安吾的短篇小說〈學習記〉是以嘲諷的角度，描寫一名就讀於大學、主修印度哲學的男子，想學習各種外語當中格外難學的梵語、巴利語、西藏語等外語的故事。

> 梵語和巴利語果然非常困難。法語、荷語、西班牙語的動詞有九十幾種變化，但相較於梵語，那根本是小巫見大巫。（中略）
>
> 梵語的名詞和形容詞都可以隨意變化。每一個字都極不規則，簡直是到了隨心所欲的地步。《坂口安吾》

男子想唸《拉加瑜伽》這本梵文書和它的英譯本，但已經停在第一頁長達半年，才只能看到第五行。他持續查六、七個小時字典，光是能夠查到一個單字，就足以高唱凱歌，困難重重。

儘管如此，梵語還算是好的，說到西藏語，「每一個單字都是不規則變化」（同前），更是令人無法捉摸。

然而，男子卻不小心落得必須學習西藏語的下場。

梵語和西藏語很不好學，學習它們需要莫大的精力。光是查清楚一個單字的意思就很花時間。話雖如此，縱然進步速度有如牛步，**只要付出努力就一定會進步**。

不斷查字典，變成翻譯機器

坂口安吾進入東洋大學的印度哲學系，想要自行鑽研，太過鑽牛角尖，結果變得有點神經衰弱。他有一陣子迷失了方向。關於當時的事，他如此提到：

我二十一歲時，曾經罹患神經衰弱。當時，我的耳朵聽不見，連肌肉都鬆弛，棒球丟不到十米，連一米的水溝也跳不過去。（中略）

我不斷地胡思亂想，束手無策。我希望自己不要胡思亂想，所以想找一件能夠解決這個問題的事，專心地去做。首先，我選擇了數學，但如果沒有老師，光看書也無計可施。能夠輕易拜師學習的是外語，所以我全面開始學習法語、拉丁語、梵語。總之，問題在於有沒有興趣，我是個做事三分鐘熱度的人，所以沒辦法只沉迷於一項事物。因此，我厭倦了之後，就學別種外語，像這樣一整天一下子學那種外語，一下子查這本字典、埋首於這種外語的文法，使用這種持續作戰的方法，直到想睡為止。我使用這種方法，終於成功地克服了疾病。

〈我的精神磁場〉

坂口安吾爲了停止胡思亂想，覺得最好做一定會出現答案的事，所以先試著挑戰數學。然而，實在難以自學，所以將精力轉向容易找到老師的外語。

我想，〈學習記〉八成是他基於這個沉迷於外語的親身經歷所寫。

至於他是怎麼學習的呢？有一段更具體的敘述。

總之，如果成功地抑制自己胡思亂想，一定就有希望治好疾病，於是我決定把醒著的所有時間全部用在學外語。也就是說，我一直查字典。我同時學法語、梵語、巴利語、德語，只是像個查字典的機器般，悶著頭竭盡全力，毫不休息地埋首於查字典。除此之外，不可以想任何事情。不可以想、不可以想。

〈小山羊的記錄〉

那已經不是在學習外語，而是一種修行了。

醒著的時候，一整天**一味地查字典，埋首於理解意思這件事**。我的策略是**透過集中精神做這件事，制止思緒亂竄**。

坂口安吾在書中寫到：處於這種精神狀態時，查字典也只能達到平常效率的十分之一，但「姑且以這個方法停止胡思亂想，一年半左右之後，我成功地恢復成從前的自己」。

著重技術，摒除雜念

外語是一項技術。精通外語本身並非目的。會外語之後想做什麼，這才是原本的目的；像是能夠流暢地閱讀以該語言寫的書籍，或者和使用該語言的人對話交流。爲了這些目的，必須學習外語。

就這個層面而言，學習外語從一開始就會提出「爲何做這件事」這個命題，意志堅定。學習外語不容易在學到一半，搞不清楚自己爲何而學。

而且越學越厲害，永遠學無止境。

這和某種運動的基礎訓練有相似之處。做伏地挺身、仰臥起坐、全速衝刺，鍛鍊身體。雖然網球不會因此打得好，但會增加在比賽中不會輸給對手的基礎體力。表現陷入低潮時，與其東想西想，覺得或許是因爲姿勢或其他緣故，不如不要去想，專心努力培養基礎體力，反而會是比較有效的突破瓶頸的方法。

我認爲，安吾採取的方法就和這個十分類似。

「竭盡全力，毫不休息地埋首於查字典」「不可以想任何事情。不可以想、不可以想」正是那種感覺。

思緒打結時、苦思本質性的事，自己不曉得該做什麼才好時，不妨先別去想那件事，試著集中精神學習外語。

學會基本文法、記得單字、看懂意思，透過將所有精力投入在一步一步往上爬的踏實行動，就會沒有多餘的精力浪費在胡思亂想。

學習外語不可以停頓，所以如同上一節的木田元老師，必須每天腳踏實地持續努力。**規律地累積努力，就會慢慢出現成果。感覺到自己進步之後，心裡會變得踏實。如此一來，就能調養精神**。

我的一位同事是譯者，他說：基本上，翻譯工作每天要決定翻譯幾頁，抱著無論如何都要做完進度的決心，一步一腳印地往下翻譯。**不要因為今天狀況好就翻譯很**

多，或者今天沒心情翻譯就不做，而是每天要像在散步一樣工作。原文已經擺在眼前，不是無中生有，所以重要的是無論如何都要做完。

以學習外語調養精神。我認爲，這能夠作爲學習外語的新用途。

建議你採用本節的做法

- ☑ 因為焦躁和不安而悶悶不樂的你
- ☑ 雖想學習，但不曉得該學什麼才好的你
- ☑ 想要覺得自己確實在進步的你
- ☑ 想挑戰看看難學的語言的你

No.12

你獻給不曾忘我學習的

謝里曼
追求夢想學習法

特洛伊應該不只是傳說，它絕對實際存在過——。謝里曼從小就對特洛伊情有獨鍾。他醞釀對古代史的夢想，勤奮工作攢錢，擅長外語，累積個人的知識，實現了挖掘遺跡的多年心願。

追求夢想的心

聽說發現特洛伊遺跡的謝里曼，以朗讀背下來這個方法，精通十多國語言，但在此想將重點擺在他對於特洛伊的熱情。

謝里曼在小時候讀了給小孩子看的世界史的書之後，受到古代史吸引，**一心認為特洛伊確實存在**。這即是他後來挖掘特洛伊遺跡的起點。即使別人說那是傳說，謝里曼也會反駁「不，特洛伊一定存在」，對此深信不疑，並且勾勒「我總有一天要把它挖掘出來」這個夢想。

現實中，謝里曼很早就必須當學徒，拚命地工作；度過竭盡全力才能活下去的青年時期。

後來，他以與生俱來的外語學習法，一一學會所需的外語，以商人的身份活躍於商場。

隨著做生意成功，獲得經濟能力，小時候對於特洛伊的嚮往再度浮上心頭。因此，他大量學習古代史，投入個人財產開始挖掘。

傳說中的特洛伊曾經存在並沒有獲得證實。基本上，他只是將小時候信以爲眞的憧憬當作夢想孕育而已。他八成遍讀了各種書籍，勤奮學習，而促使他這麼做的主要動力是一直相信傳說，以外行人才有的不變熱情挖掘下去的心情。

重點在於**儘管他不是專業的學者，但他有了重大的發現**。

有許多人批判他：因爲無知的挖掘而破壞了遺跡，或者判斷錯誤；但史實只會出現在堅信不移、一心一意投注熱情的人面前。**因為有熱情，所以有志者事竟成**。

謝里曼在《對古代的熱情——謝里曼自傳》中提到：

> 我的要求極為樸實。我並不期待發現造形美術品。我挖掘的唯一目的自始至終就只是發現特洛伊城。關於特洛伊城的所在地，有好幾百名學者寫了好幾百本書，但尚未有人嘗試透過挖掘證實這件事。

遺跡眞的存在。謝里曼挖到它了。

儘管他的做法有勇無謀，但他相信夢想，勇往直前，具有一種不同於凡事小心謹愼的專業研究者的動力。我認爲，他還有一種在商業界成功的人驅使自己達成目標的能力。

將敘事詩的描寫作爲根據

謝里曼將荷馬的敘事詩《伊利昂記》和《奧德修記》一字不漏地記在腦海中。他走訪這些詩的主要場景，從現在的地形想像從前的模樣。

專業的考古學家們認爲出現在《伊利昂記》的詩句中的地形等，不過是詩人幻想出來的產物，完全不把它們當作一回事。但對於謝里曼而言，《伊利昂記》就像是從小當作聖經信仰的內容。他能夠清楚地在心裡描繪其中描寫的地點場景，以此爲根據特定地點。

考古學家懷疑「可能是這裡」的地方，看在謝里曼眼中，距離海太過遙遠。他認爲，特洛伊在更靠近海岸的其他地方。

於是，他基於《伊利昂記》，思考離海的距離，觀察山和丘陵的形狀，特定地點爲希沙利克的山丘，開始挖掘。

總之，**他從和考古學的專家截然不同的觀點，進行了外行人獨特的研究**。

他根據的是專家們認爲「那種東西一點參考價值也沒有」，看也不看一眼的古詩的場景描寫。以鶴嘴鎬和鏟子使《伊利昂記》的場景重見天日，就是他的挖掘型態。

魯道夫・維爾喬這位德國醫師替謝里曼的著作寫序，其中如此提到：

謝里曼開始調查時，是從正確的前提出發，或者從錯誤的前提出發，在如今已是毫無意義的問題。成功不僅判定他是對的，也證實他的調查方法是對的。他的前提或許太過大膽、恣意妄為，而且那些不朽的詩產生的迷人畫面魅惑了他，使他天馬行空。然而，雖然可以將這種心情稱之為缺點，但其中也潛藏著他成功的秘密。除了這個貫徹狂熱信念的人之外，究竟有誰能夠長年策劃那種大事業，自掏腰包投入那麼高額的資金，永無止境地挖穿一層又一層的廢墟，到達長眠於遙遠地底下的原始地盤呢？假如他沒有因為天馬行空而展開挖掘，恐怕燒成灰燼的城市如今仍深埋在地底下。（同前）

謝里曼相信特洛伊的傳說，以及像童話故事般的詩句，他的行動可說是愚蠢的行爲。不過，他以其他人所沒有的觀點，使得特洛伊城重現在世人眼前也是事實。正因爲他是業餘人士，才會有這種新鮮的浪漫情懷。

山不轉路轉的威力

經常有非專業研究者的業餘天文愛好人士發現新星，或者昆蟲或蝴蝶的愛好者發現新品種。這種人會採用一種不同於其他人的觀察方式。即使一般人認為「不可能在這種地方」，他們也會顛覆這種常識性認定，徹底地研究，並且從中獲得啓發。我認為，比起一直從事研究的專家，自學累積知識的業餘人士反而容易發現嶄新的切入點。

像謝里曼那種研究方法，通常要有點年紀的人才做得到。

儘管只是想挖掘，挖掘工程也需要相當多的資金。謝里曼慢慢孕育夢想，等到事業成功，能夠自由投入個人財產之後，才能實現夢想。

不是只有一味從事學術研究這條路，在其他領域自成一派之後，再轉換跑道反而也是一種方法。

伊能忠敬是江戶後期知名的測量家，他原本致力於經營釀造業等的家業，但在五十歲卸下戶長的地位退休。從此之後，他開始學習測量和天文，走遍日本全國各地測量，繪製日本地圖。他親自走遍全日本測量，正因爲有熱情，才能做到這種令人望而卻步的功績。

建議你採用本節的做法

- ☑ 不曾忘我學習的你
- ☑ 一直放棄夢想的你
- ☑ 想將人生賭在遠大夢想的你
- ☑ 除了工作之外，想擁有其他一生志業的你

No.13

獻給覺得無法突破難關的你

點燃熱情學習法

佐伯祐三

佐伯祐三前往嚮往已久的巴黎，給弗拉曼克看自己的畫作，受到意想不到的批評而大受打擊。於是，佐伯開始尋找自己的型態。該畫什麼，才會成為自己的畫作呢？他費盡心思地摸索，終於在巴黎找到了答案。

佐伯祐三慘遭弗拉曼克痛批

佐伯祐三於大正十二（一九二三）年從東京美術學校（現爲東京藝術大學）畢業後，於二十五歲時前往法國，透過畫家朋友——里見勝藏的引薦，獲得讓莫里斯．德．弗拉曼克看自己的作品——「裸女」的機會，但卻被弗拉曼克破口大罵「這種學院派的東西！」

「里見……我什麼時候說我想看這種畫了?!」。弗拉曼克接著說：

「里見，你的畫受到我的影響。不過，你告別了學院派的畫風。你的朋友明白這一點嗎……？」《佐伯佑三的巴黎記》朝日晃

從弗拉曼克的角度來看，佐伯祐三的畫作一板一眼，一點意思也沒有。佐伯乖乖地按照在美術學校學到的方法，畫出漂亮的畫作，但是看在當時熱衷於野獸派（Fauvisme）的弗拉曼克眼中，反而顯得俗不可耐。

佐伯在那之前也詢問了里見好幾次，「能不能和弗拉曼克見上一面」，但是遲遲

沒有獲得令人滿意的回覆。佐伯察覺到里見之所以沒有正面的回覆，是因爲他知道弗拉曼克八成會有這種反應，這才驚覺自己來到法國之後，居然是以遊山玩水的心情待在巴黎。

弗拉曼克這句辛辣的話，使得佐伯破繭而出。自己必須有想畫什麼的原則。佐伯領悟到，如果沒有自己的型態，終究無法成爲知名畫家。

佐伯心想：我眞正能夠全心創作的主題（繪畫對象）是什麼呢；這才發現了從自己內心深處湧現的創作欲與熱情。

如果沒有遇見弗拉曼克，縱然身在巴黎，佐伯祐三八成不會認眞檢視自己的畫風，什麼主題是自己才畫得出來的。因爲有弗拉曼克的那一句話，佐伯才能破繭而出。

遭人否定是一件痛苦的事。然而，被人清楚地一語道破，才會湧現尋找眞正事物的能量。**容易蜷縮在自己的狹窄框架中的人不要害怕，要遭受強烈的刺激，被人否定一次看看**。如果不試著鼓起勇氣，暴露眞實的自己，往往就無法突破封閉自己的框架。

一直遭受刺激

這個時候，佐伯應該受到了相當大的打擊。

然而，他沒有逃避。他苦思、摸索自己的型態，後來也和里見一起數度造訪弗拉曼克的住處。

據說有一次，弗拉曼克看到佐伯的畫作，說：「雖然物質感欠佳，但色彩出色。」

那顯然是一幅受到弗拉曼克影響、色彩濃烈的風景畫。聽到他這麼說，連里見也鬆了一口氣。弗拉曼克給佐伯出了這樣的一個題目：「你將方糖和雞蛋放在白盤上，以鉛筆畫在白布上。要能畫出鹽、砂糖和雪的差別。」

後來，佐伯的畫中，練習畫出白色質感的作品變得突出。

弗拉曼克的**強烈否定點燃了他的熱情**。在此之前，狂暴的性情、宛如烈火燃燒般的熱情沉睡在佐伯祐三的心中。或許在那之前，想以畫家的身分作畫的心情也很強烈，但在此時，他終於真正地轉換成「你等著瞧！」這種模式。**他成功地將別人的否定轉換成了能量**。

不見得所有人都能做到這一點。這會因人而異。有的人會覺得受傷，意志消沉，能量日漸萎縮。

舉例來說，在大學的課堂上，也有學生很受不了像我這種用詞強烈、明白指出缺點的老師。這種學生會不修我的課，去找指導方式更柔軟的老師。學生自然會去找自己能夠接受的老師。來找我的學生，大多是想被狠狠地批評，藉此提升自己、不服輸的人。兩者沒有好壞之分，只是適不適合而已。

遇見「巴黎的石牆」

佐伯一面摸索自己想表現的是什麼，一面創作欲爆發地一直畫巴黎。

不久之後，他被郁特里洛吸引，在「郁特里洛展」中看到巴黎街道的描繪、石牆的繪畫方式，從中獲得啓發，開始不斷地畫巴黎沒落的街角風景。在那裡經常能夠看見沾染日常雜亂痕跡的風景，那看不出來是畫或字，像是廣告的看板、貼在牆上的海報。佐伯像是著了魔似地一直畫那種景色。

來到法國約過了兩年左右，佐伯因爲健康亮紅燈，而且盤纏用罄，所以決定回日本。回國後，他以新銳西畫家的身份出道，備受好評，但他的心情卻鬱鬱寡歡，高興不起來。即使畫木造民宅林立的日本風景，也覺得哪裡不一樣。他抹不去那種彆扭的感覺，無法對自己的畫作感到滿意。

縱然身體違和，但他再度前往巴黎。這個時期，他一面畫厚重的石造街景，一面清楚地自覺到，**自己的繪畫型態就在這裡，就是描繪巴黎的街頭、巴黎的石牆**。

後來，佐伯無法活著再踏上日本的土地。他三十年的短暫生涯在法國落幕。雖然他身爲畫家活躍的期間很短，但**找到自己的畫風，使他能夠以畫家的身分名留後世**。

別害怕被人激勵

從學習法的角度來看，我們能從佐伯祐三的生活方式學到什麼呢？

不害怕被人激勵是其一。遇見某人，受到強烈刺激，會獲得光是自己覺得好也無法獲得的氣勢、幹勁。

所以，**別太過保護自己，不要害怕被人嚴詞批評、不想受傷，最好擁有一生一次的邂逅、被人激勵的機會**。

我想，對於非常無法接受現在的自己、想再脫胎換骨、想突破瓶頸，但不曉得該怎麼辦才好、蠢蠢欲動的人，這會是一個「突破瓶頸的方法」。

另外一點是，有些事置身其中才看得見，或者跳脫出來才看得見。假如佐伯沒有回國一趟，一直待在巴黎的話，這樣是一件幸福的事嗎？他或許會創作欲如泉湧，畫出許多作品，但稱不上是切身感覺到自己的型態是什麼。他終究是回日本一趟，才能感覺到「自己的世界不是以油畫畫這些木造的民宅」。

此外，我想，他是再度前往巴黎，才能意識到「下次回日本，我想接觸日本畫。這麼一來，我的畫一定會更有內涵。我的繪畫風格才會完整」。這件事告訴我們，不要固守現狀，囿於自己的狹窄框架之中，畫地自限。

建議你採用本節的做法

- ☑ 覺得無法突破瓶頸的你
- ☑ 不怕被人嚴詞指出缺點、勇於遭受強烈刺激的你
- ☑ 想在藝術領域建立自己的型態的你

No.14

獻給容易一頭栽進專業，世界變狹隘的你

愛因斯坦

適度放鬆學習法

「如果我不是物理學家，應該會是音樂家」「我從小提琴獲得了人生中大部分的喜悅」。愛因斯坦享受喜歡的音樂，藉此獲得心靈上的平衡。

和工作互補的事物

愛因斯坦將彈鋼琴和拉小提琴視爲人生最大的樂趣。

他一定會攜帶小提琴去旅行，搭船長途旅程時解悶，或者在旅途中所到之處舉辦的歡迎會中，展現琴藝代替演講。

相傳他只要一有機會，就想和別人一起演奏，被邀請到卓別林家時，兩人一起演奏了。

當他收到一封信問他「音樂活動是否對你領域截然不同的工作有什麼影響？」時，他如此回覆：

> 音樂對研究活動沒有影響，但兩者都受到憧憬這個泉源滋養，就它們提供給我心靈慰藉這一點而言，兩者互補。
>
> 《愛因斯坦：凡人的一面》

此外，愛因斯坦面對「對於您而言，人生意味著什麼？」這個採訪問題，如此回答：

如果我不是物理學家，應該會是音樂家。我經常以音樂思考、以音樂作白日夢、從音樂的觀點看自己的人生。……我從小提琴獲得了人生中大部分的喜悅。

《新愛因斯坦語錄》

對於愛因斯坦而言，音樂和工作互補，是人生的伴侶。研究時使用大量腦力，休息時從工作抽離，腦袋放空，寄身於喜愛的音樂之中，解放心靈。**以音樂獲得軟硬的平衡，產生正面循環**。

博士喜愛的音樂

愛因斯坦的母親——寶琳擅長鋼琴，一有客人上門，大家就會在他母親的鋼琴伴奏之下合唱。愛因斯坦家是一個氣氛和樂的家庭。他從小就在家接觸鋼琴。

在母親的建議之下，他從六歲開始學習小提琴，但是愛因斯坦說：學琴的過程不太有趣。

> 我從六歲上小提琴課到十四歲，但老師的教法很差。對於那位老師而言，音樂只是機械性的練習。我真正開始學習音樂是十三歲左右，因為我主要愛上了莫札特的奏鳴曲。（同前）

愛因斯坦說，他對於看琴譜機械性地彈固定曲子的課程沒有興趣。即使是在學校，他也不擅長一味背誦教材的科目。**無論是唸書和音樂，愛因斯坦都喜歡以自由的創意，自由地發揮想像力**。

這樣的愛因斯坦聽到莫札特的音樂，愛上了他的奏鳴曲的美妙旋律。從這時起，愛因斯坦眞正對音樂產生了興趣。

他最愛的是莫札特和巴哈。音樂不講求邏輯性，以直覺判斷，這種判斷相當有趣。

舉例來說，我覺得韓德爾雖然美妙而完美，但有點狹隘。貝多芬太過戲劇性且個人風格太強。舒伯特具有感情表現能力和旋律創作能力，是我愛好的一位音樂家，但大作欠缺結構，我聽膩了。舒曼的小品具有獨創性和豐沛的感情，很吸引人，但缺乏偉大的形式。從孟德爾頌的曲子中感覺不到具有相當高的天份的人的深度。布拉姆斯的室內樂有好作品，但許多沒有說服力，令人不解，他爲何必須寫那些曲子。我尊敬瓦格納的創意，但他太具攻擊性的音樂特色令我忍不住感到厭惡。理查・史特勞斯很有天份，但感覺他的曲子很空洞，只講究表面的效果。德布西色彩豐富，但結構貧乏——（摘自《愛因斯坦：凡人的一面》）。

愛因斯坦對於音樂，基於「演奏、喜愛——然後閉嘴！」（同前）這種態度沒有多說，但從這一段簡短的感想不難察覺到，**他向音樂尋求的純粹是音樂如何感動他，以及結構之美**。

至於結束工作拉小提琴時，如何放鬆，他如此說道：

> 首先，即興演奏，如果不順利，就向莫札特尋求慰藉。可是，如果即興演奏，快要形成一首曲子，為了完成曲子，就必須要有巴哈的明快結構。（同前）

愛因斯坦喜歡的是自己自由地享受即興演奏樂趣的型態。此時，他仰賴的是巴哈和莫札特。或者，說不定他是因爲覺得自己無法超越巴哈和莫札特，所以才沒有試圖成爲音樂家。

具備彌次郎兵衛的平衡感

（譯註：一種日本的傳統玩具，呈人型，身體的四肢纖細，雙手攤開，以手中的法碼保持平衡。）

音樂有一種帶給靈魂自由的特性。

有一句話叫作「所有藝術都嚮往音樂的狀態」，音樂是會隨著時間變幻的藝術，姿態萬千地傳達至人們心中。其中會有從內心深處感動人的事物。持續深入思考一件事、深入研究的工作越艱難，越需要緩和繃緊的神經。而音樂是最適合作爲放鬆精神的工具。

可以試著想一想彌次郎兵衛。彌次郎兵衛以左右伸展的手臂保持平衡。如果只有一邊突出，就無法保持平衡。唯有反方向具有一樣長度、一樣重量的手臂，才能保持平衡。爲了使它更穩定，只要伸長手臂即可。也就是說，手臂張越開越穩定。

只強化一件事，就像是手臂不斷朝一個方向伸展的彌次郎兵衛一樣，會失去平衡。

貝原益軒在《養生訓》中提到，循著不偏不倚的中庸之道生活，即是長生的祕訣。而**巧妙地逃離壓力，適度放鬆的生活型態，正是快樂、長生又幸福地度過人生的訣竅**。在自己的人生中，除了學習和工作之外，擁有令自己開心的事物，有助於調劑心靈。**擅長與否並不重要**。

就拿愛因斯坦的小提琴來說，沒有人大肆稱讚他。儘管如此，愛因斯坦還是愉快地到處展現琴藝。自己能夠藉此解放心靈，聽眾的心也會隨著放鬆。我想，即使琴拉得不好，琴音也會令在場的人感到幸福。

有不少理科博士喜愛小提琴，像是寺田寅彥、系川英夫、三木成夫等人，也有許多愛好小提琴的故事。

愛因斯坦在晚年反而較少拉小提琴，變得較常彈鋼琴。他嘟囔道：拉小提琴對於現在的我而言，「身體不堪負荷」，儘管如此，他說「我一直都是即興地彈奏鋼琴，而且鋼琴也適合獨奏，所以我每天都會彈鋼琴」，過著這種生活。

能夠熱衷一輩子的工作、能夠自娛一輩子的嗜好，兩者協調地運作，造就了愛因斯坦的幸福人生。

建議你採用本節的做法

- ☑ 容易太過一頭栽進專業領域，世界變狹隘的你
- ☑ 不擅長表現出感情的你
- ☑ 想擁有解放心靈的嗜好，幸福生活的你

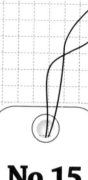

No.15

獻給不曾感受過查資料樂趣的你

南方熊楠

圖書館&抄寫學習法

博聞強記的南方熊楠擅長透過親手抄寫，獲取知識。他住在倫敦時，三天兩頭跑大英博物館的圖書館，讀完超過五百本書。在那裡獲得的廣泛知識量，更多達五十幾本筆記本。

透過抄寫擁有知識

南方熊楠擁有非常廣博的知識，但他不受限於學院派的框架，一輩子當民間的研究者。

熊楠在**少年時期就已經找到了自己的學習型態**；即是**運用他卓越的解讀能力和記憶力「抄寫」**。

據說他會在醫生朋友的家看被認爲是江戶時代百科詞典的《和漢三才圖會》，記下內容之後，回家抄寫。或者反覆借書抄寫，花幾年的時間抄完全部一百零五卷的內容。

在此同時，他對於日本、中國的各種博物學的書和各國的名勝圖解的副本、摘錄也很感興趣，致力於抄寫這些內容。

話說回來，他之所以對於學習產生興趣，有過這麼一段故事。

熊楠原本著迷的是閱讀、抄寫博物誌之類的書，以及採集動植物。他唸的第一本書是《訓蒙圖彙》。以如今來說，就像是「有插圖的兒童百科」這種江戶時代的

書。據說他會從家裡用來包要賣的鍋釜的廢紙中，找出這本書的書頁抄寫，看圖學寫字。

《南方熊楠相簿》

鉅細靡遺地掌握感興趣的對象特徵，透過抄寫擁有知識；這即是熊楠擅長的學習方式。

在什麼都能輕易影印的現代，透過看或閱讀背下內容，親手抄寫重現內容這種能力明顯衰退。熊楠的抄寫方式不是從頭到尾抄寫。而是將過目的內容先吸收之後，然後重現。做過一次就會清楚知道，尤其是爲了畫畫，必須掌握詳細的細節。熊楠從年幼時期就開始磨鍊這項技術。

馬克思也是大英博物館的圖書館常客，這裡是知識聖地

熊楠待在倫敦八年，那段期間，他也運用這項抄寫技術，努力學習。

其中，大英博物館的圖書館最能刺激熊楠的求知欲。眾所周知，這裡是世界頂級的知識寶庫。圖書館併設於博物館裡。

閱覽室是一個巨大的圓頂形建築物，中央有約四百個閱覽座位。其呈圓形的閱覽室周圍的牆面上，圍繞著放置圖書館藏書的書架，形成一個偌大的學習空間。

許多著名的作家、學者都曾在這裡專心唸書或研究。

卡爾．馬克思是長期把這裡當作書房而聞名的人之一。馬克思逃亡到倫敦之後約有三十年，每天一到開館的上午十點就會來這裡待到閉館的下午六點，埋首於研究和著作。聽說他的固定座位是「G—8」。《資本論》的草稿也是在這間閱覽室寫的。

不過，這間閱覽室並不是誰都能進入，只有獲得允許的研究者才能使用。

熊楠在大英博物館覓得知己，幫忙對方從事調查研究該館的東洋相關資料的工作，同時在《自然》（Nature）雜誌上發表論文。

久而久之，館方就正式地發給他入館許可證。

輸入和輸出的循環

熊楠如魚得水地發憤看書，不斷抄寫深感興趣的內容。

一旦取得圖書館的正式閱覽許可證，熊楠就一天到晚去那裡讀書。這裡的讀書室是將四百多個座位納入圓頂形建築物的圓形大閱覽室，在當時就已經是「學問的寶庫」。另外，此時是這裡的常客——馬克思的故事正要廣為人知的時候。

話說，熊楠的博聞強記堪稱傳奇，而據說他在這裡讀過、抄寫的書約五百本。（旁徵博引的《十二支考》中約引用自四二〇本書，已經接近這個數字。）他的《倫敦摘抄冊》是在宛如帳冊的五十三本筆記中，以細小的字筆記到幾乎沒有留白的地步，可見他當時有多熱衷於抄寫。

然而，熊楠的個性剛直，好像也有急躁的一面，經常和身邊的人起衝突。結果，他在這間閱覽室揍了人，因而必須離開博物館。

〈熊楠與大英博物館〉

從書本吸收各種知識，以英語寫論文發表，和賞識他的學者們交談。這段時期，熊楠**非常順利地進行著輸入與輸出的循環**。

但是，熊楠在這間大英博物館引發了問題。一八九七年十一月，他因爲毆打人而被禁止入館。雖然隔月解除禁令，但是隔年十二月，他又因爲不滿一名女性在館內高聲說話而產生糾紛，遭到館方禁止進出。

老交情的東洋圖書部長出面協調，有條件地同意讓他回來，但是熊楠拒絕，從此之後，他就改去「自然歷史館」和「南肯辛頓美術館」了。

圖書館的用途

傳統的圖書館中，有一股長年培養出來的獨特沉靜氣氛。一想到「馬克思也在這裡寫了《資本論》」「熊楠也在這裡唸過書」，就覺得自己也會受到這些先人的求知欲感染而繃緊神經，鼓起幹勁。除此之外，收藏其中的好幾萬、好幾十萬冊的書本威力也不可小覷。

位於本鄉（譯註：東京都文京區的町名）的東京大學附屬圖書館一隅，有一個收藏貴重的古書、古典書籍等的書庫，我經常沒來由地想吸一吸那個書庫的空氣。閉架書庫充滿了舊書發出的獨特氣味，感覺像是一座人跡罕至的知識森林。

那是一段令人有點心情雀躍的時光。我想，**熊楠感受到的也是這種像是在探勘知識森林的圖書館樂趣**。

我不是那種能在圖書館專心唸書的人，看到大家在圖書館拚命唸書，我反而會失去幹勁，我在圖書館主要都在看大型美術全集之類的書。因為個人實在買不起大開本的美術畫集或冊數多的全集，所以我認爲「適合在圖書館看的正是這種書」。像我這種人，最好還是把圖書館當作書庫用來找資料，在其他地方唸書比較明智。

然而，也有人一旦進入大家在圖書館認眞唸書的氣氛當中，自己也會受到鼓舞而想唸書。有人喜歡具有傳統、像是內藏一座幽深森林的圖書館，也有人喜歡整潔舒適、不會坐到肩膀痠痛的圖書館。

最近也有以商務人士爲對象的會員制圖書館。在那裡也會舉辦讀書會或研討會等，能夠唸到書又能與人交流。

視自己想在那裡得到什麼而定，運用圖書館的方法也會有所不同。

建議你採用本節的做法

- ☑ 一個人在自己的房間無法集中精神的你
- ☑ 不曾親自調查，嘗到明白未知的事的樂趣的你
- ☑ 喜歡圖書館的氣氛的你

No.16

獻給煩惱無法堅持到底的你

村上春樹

爲了強健大腦鍛鍊身體學習法

為了培養持續寫長篇小說的意志力和體力，必須鍛鍊身體。基於這個信念，村上春樹一天跑十公里。他跑馬拉松，挑戰鐵人三項。因為基本上，動腦仰仗的是「身體」的能力。

小說家希望透過跑步達成的目標

在這一章的最後，我想聊一聊村上春樹跑馬拉松的事。

村上透過「跑步」面對自己的身體，可說是一種窮究眞理的學習型態。對於跑步的想法、每一刻的身體變化，對此的感受等，都詳細地記錄在《關於跑步，我說的其實是……》這本書中；他的跑步方式相當克己，堪稱「馬拉松修行」。

此外，**他一面觀察自己的個性和身體的特性，一面鍛鍊自己的模樣，充滿了用來長期持續一件事（包含跑馬拉松和寫小說的方法在內）的啓發**。

聽說村上是從一九八二年秋天，成爲專職作家之後不久開始跑步。若是過著從早到晚坐在書桌前面的生活，容易體力衰退、體重增加，而且會抽太多菸。這麼一來，恐怕無益健康，爲了維持體力、不讓體重上升，村上開始跑步。

從此之後的二十多年來，村上幾乎每天跑十公里。他會固定參加全程馬拉松等運動會，有時候會跑完一百公里的超級馬拉松之後，再挑戰鐵人三項。

爲何他對跑步堅持到這種地步呢？

因爲要掛起小說家這面招牌，必須這麼做。村上說：因爲作品並不像是不斷湧出的泉水，會源源不絕地自然產生。

若不拿著鑿子埋頭苦幹地鑿開岩盤，深入挖掘，就無法抵達創作的水源。為了寫小說，必須耗費大量體力，付出時間和勞力。

其實寫小說是在做苦工，必須進行像在岩盤鑿洞的辛苦作業。

在我的認知裡，寫長篇小說基本上等於是在做苦工。寫文章本身要耗費大量腦力，但寫好一本完整的書反而接近在做苦工。當然，寫書不必抬起重物、快速奔跑，或者跳很高，所以許多世人光看外表，會覺得作家的工作是在書房裡花腦力的靜態工作。只要力氣足以拿起咖啡杯，應該就能寫小說。然而若是實際從事看看就會知道，寫小說不是那麼輕鬆的工作。首先要坐在書桌前面，精神像雷射光束一樣集中於一點，發揮想像力無中生有，產生故事，挑選一個個精準的用語，使所有劇情發展一直維持在正確的位置——這種作業長期需要遠遠超乎一般人想像的大量能量。

我也認爲，**一般人認為耗費腦力的工作，其實也要仰仗身體**。認爲花腦力的工作和體力無關，這是忽視身體的想法，無論是學習或工作，都不是只靠「腦力」在進行。有耐力的人動腦就會發揮耐性，瞬間爆發力強的人就能以速度感處理工作。那不只是取決於先天的資質，透過訓練養成習慣也會改變。因爲和身體性能的密切關係是無法分割的。

一旦身體的感覺覺醒，變得敏銳，用來產生創意的基礎就會活化，容易進入積極進取的態勢。

村上二十多年來，也透過「長跑」這種自我鍛鍊，「透過訓練練就了足以往下挖掘深洞的肌力」。

正因爲處理不健康的東西，所以才要維持身體健康

小說家會給人一種作息不健康的印象。夜夜笙歌，紙醉金迷，在複雜糾葛的人際關係之中翻滾，發現人生的陰暗面，才能描寫出靈魂的吶喊。也有許多人認爲，這種太宰治的作家形象正是文學家。當然，小說家當中也有人喜歡運動，下工夫維持健康也是理所當然的事，但一般人還是會先入爲主地認爲，小說家的作息不健康。

村上也說：寫小說是在面對「人本質之中的毒素」，也是非處理這種毒素不可、超級不健康的工作。

不過，**如果希望長久地以寫小說為業，就必須建立自己的免疫系統，足以對抗這種體內的毒素才行。**

爲了邁向架構更大的創作，必須強化基礎體力，增強體力，透過每天的訓練養成強健的肌力和堅韌的意志力，將自己塑造成能夠持續性地適應體內毒素，這即是村上的型態。

為了處理小說這個不健康的東西，人必須越健康越好。

其中有一個源自於根深柢固的想法的轉換點。

「爲了處理眞正不健康的東西，人必須越健康越好」「不健全的靈魂也需要健全的身體」「健康的東西和不健康的東西絕對不是處於極端的位置」。

應該也有人能在不健康的情境中，不受毒害地寫小說，但我認爲，起碼自己要有健全的身體，否則無法持續寫有強力訴求的小說。

對於村上而言，小說是這樣的事物，跑馬拉松是爲了寫小說所不可或缺的。如同對於愛因斯坦而言，小提琴和研究互補，兩者有異曲同工之妙。

培養耐力的訣竅

如今又颳起了馬拉松風潮。

因爲慢跑、跑步不用挑場地，不需要道具，所以能夠輕易地開始。能夠以自己的步調進行，容易感覺到體力和體型的改變。是一種有效提升動機的健身法。

問題是能否長久持續。村上訴說了許多帶給人啓發的內容。首先，他說重點在於掌握節奏。關於跑步期間的訣竅——

默默地花時間跑一段距離。如果覺得想快速奔跑，也會加快到一定的速度，但即使加快速度，縮短跑步的時間，也要記得將身體現在感覺到的愉快感受原封不動地留到明天。這和寫長篇小説時的要領一樣。覺得還能繼續寫下去的時候，要把心一橫擱下筆。這麼一來，明天著手工作時就會變得輕鬆。海明威應該也寫過類似的話。持續——等於不切斷節奏。對於長期的工作而言，這很重要。一旦設定節奏，之後總有辦法持續。然而，在慣性輪確實以一定的速度開始旋轉之前，對持續再怎麼花心思也不為過。

在持續的初期階段，重點是**「記得將身體現在感覺到的愉快感受原封不動地留到明天」**。

唸書也是，一覺得「今天的狀況很好，很進入狀況」，就會想要不斷地往下唸。不過，如果達到設定目標，最好不要起勁地繼續唸，而是保留「還可以繼續唸」這種餘力，就此打住。這麼一來，隔天會容易進入集中精神的狀態。

若是亢奮的情緒不上不下，半吊子的成就感往往會使明天提不起幹勁。一會兒想唸、一會兒不想唸的心情起伏會妨礙持續。

讀書也是，不要因爲覺得有趣就在那一天一口氣全部讀完，而是在「想早點往下唸」的時候刻意停下來。隔天讀完剩下的部分，讀書的欲望會因爲其餘韻而提高，所以會馬上想翻閱別本新書。正面的「今日事不今日畢的感覺」，會形成良性循環。

我認爲，「在慣性輪確實以一定的速度開始旋轉之前」，必須下一番工夫，巧妙地設法讓自己明天也想唸書。

「挺行的嘛」

要提升耐力，重點在於如何巧妙地引導自己的身心。

有一位社會學家名叫大衛・桑德淖。他是以研究盡量如實記述這種現象學而聞名的人。他將從開始學習爵士鋼琴到逐漸進步的過程，記錄在《飛翔於鍵盤上的手》（Ways of the Hand）這本書中。

如何移動手指、如何領略爵士的節奏；爵士鋼琴是一種即興的東西，需要和一般學習鋼琴不同的感受性。桑德淖鉅細靡遺地寫下自己在當場是如何適應爵士鋼琴，《飛翔於鍵盤上的手》是一本十分有趣的書，爵士鋼琴家——山下洋輔在書帶上寫道「學者寫這麼有趣的書好嗎?!」

桑德淖說，他覺得自己在開始學習的早期階段就掌握了爵士鋼琴的重點。他事後回想，覺得那是一個美麗的誤會，但他當時覺得「自己挺行的」。其實，**正因為有那種自以為是的喜悅感，才能夠持續下去**。

村上在開始跑步的初期，也有類似的感覺。以下是他從一九八三年開始跑步的隔年，有生以來第一次參加越野賽跑的事。

雖然賽程很短，只有五公里，但別上號碼布，混在許多人當中，聽到「預備～碰！」而開始跑，會有一種「我挺能跑的嘛」的感覺。（中略）我想試看看自己能跑多遠的距離，一個人繞著皇居的周圍一圈又一圈地跑。結果，我以還算過得去的速度跑了七圈，總計三十五公里，但卻不怎麼覺得痛苦。

此時，村上還不曉得全程馬拉松有多艱辛。村上在日後經歷全程馬拉松之後得知，最痛苦的部分是在過了三十五公里之後。一開始「我挺行的嘛」「我說不定有點天份」「我或許適合做這件事」這種意識確實會成爲原動力。**這具有心理上的效果**。**以認定的感覺自我暗示**。我想，開始做一件事，快樂持續下去的祕訣也許就在其中。

如何吞下不愉快的刺激

壓力大時，有個部分可能會對精神控制有幫助。

> 無緣無故（起碼我是這麼認為）遭受譴責時，或者期待一定會有人接受，但是沒人接受時，我會比平常跑更遠一點的距離，藉此消耗體力，然後重新體認到自己的能力有限、是個軟弱的人；在心情蕩到谷底的時候，透過身體認識自己。而比平常跑更遠的距離，結果會稍微強化自己的身體。如果生氣的話，可以發洩在自己身上。如果不甘心的話，可以磨鍊自己。我如此心想，一路走了過來。我將能夠默默吞下肚的情緒，全部納入自己心中，努力將它作為故事的一部分，盡量大幅改變型態地放進小說這個容器中。

心情不平靜，或者受到外界不愉快的刺激時，跑更遠一點的距離，一面認識自己的軟弱，一面作爲強化自己肌肉的能量消化。若能藉此強化自己，縱然是不愉快的刺激，也能夠予以轉換、運用。

因爲是以跑步這種形式消耗、發洩能量，所以不同於不健康地將壓力累積在自己心中。不是像青春電影一樣噴發能量，邊喊「媽的！」邊跑向大海，而是靜靜地、淡然地拉長跑步的距離。

有趣的是，這成了調整內心對於壓力的感受方式。轉換負面能量，化爲自己的能量是個好點子。

適合心性的事情會長久持續

《關於跑步，我說的其實是……》這本書的有趣之處也在於，村上春樹這位當代第一的人氣小說家訴說許多自己的個性。

我從以前到現在，一直對於和別人比較不太放在心上。這種性向在長大成人之後，大致上也沒有改變。無論任何事情，我都不怎麼在意贏或輸別人。我比較關心的反倒是——能否達成自己設定的標準。就這個層面來說，長跑是完全適合我心性的運動。

我的肌肉屬於要花一段時間暖機的那種。開機極為遲緩，但是一旦暖好機，開始運作之後，就能毫不勉強、順暢地持續運作相當長的時間。（中略）我覺得這種肌肉特性，直接和我的精神特性有關。

爲了長久持續，重點在於適合個性。我十分清楚，**適合個性的事即使伴隨著修行**

的嚴峻，也能夠持續下去。

今天的自己更新昨天的自己。超越維持健康或恢復體力這種層次，擁有隨時更新過去的自己這種意識，會使心情變得積極。

若是覺得「自己是被逼的」，絕對無法具有這種心情。只能以從自己內心湧現的意志去做。

無論是運動、藝術、工作，或者家事，能夠透過做這件事提升自我，對於自己在做的事感到驕傲——學習就是這麼一回事。

建議你採用本節的做法

- 容易忽視身體的你
- 煩惱無法堅持到底的你
- 比起和別人競爭，更喜歡朝著目標更新自己的你
- 想進一步深入瞭解自己的你

— 第 3 步 —

齋藤式 9 種不敗學習法

將不擅長變成喜歡

1.「能夠立刻讀完一本書的學習法」

爲了尚未找到致勝招數，決定「我要這麼做！」的人，在這一章要介紹一定會建立自信、立即見效的學習法。

「能夠立刻讀完一本書的學習法」是我教國中生英語，覺得有效的做法。

我讓剛開始學習英語，還完全不會單字和文法的國中一年級生讀英文書。

有一套給英語初學者使用的簡單英譯版叢書叫作「階梯系列」，我從中挑了《跑吧！美樂斯》。像「Run, Melos, run」這種英文，簡單易懂。而且學生讀過日語版的《跑吧！美樂斯》，所以知道故事劇情。

首先，有主語S、動詞V，我花五分鐘左右，簡單地教學生英語的結構。就鋼琴來說，就像是在教Do Re Mi Fa Sol La Si的音階跟和弦。

美樂斯一直跑，所以出現許多「is running」這種現在進行式。我會告訴學生，這是剛才出現的動詞「run」的進行式，如果出現關係代名詞，我就會說「這讀作that，這裡只是在說明這個。也可以跳過去唸，所以姑且將這裡括弧起來吧」，將關係子句括弧起來，讓學生大致瞭解句子的結構。

然後以複誦的方式朗讀。因爲學生知道故事劇情，所以看到出現的單字，也會隱約猜得到大概是這種意思。

就算完全看不懂，也能讀到最後。若是一開始以這種方法建立自信，就會提高對於英語的親近感。

總之，就是要讓學生讀慣英語，想要不斷地讀；讓學生自發性地說：「好有趣，我也想讀別的。」

我認爲，一開始最好挑簡短的笑話讀。

我自己在學英語的時候，有一本土耳其的幽默大師——納斯瑞丁的笑話故事集。國中的暑假作業出了那本書，我因爲想知道結局，拚命查字典。

以「日本童話故事」的英語版練習也是一個方法。

譬如說，《桃太郎》是所有人都知道的故事。因爲知道故事劇情，所以容易定位英語，像是「原來雉雞在英語這麼說」「這是指惡鬼吧」。

會順利地進入狀況。

大人也會使用這種方法。

總之，從自己知道的故事中，挑一本感興趣的讀完。

我認為，最好挑自己容易一直感興趣的書，像是小時候喜歡的書、深受感動的電影原作等。如果手邊有翻譯書，也會發現「原來譯者是這樣表達這種文章啊」，能夠享受雙重的樂趣。

因為發現特洛伊遺跡而出名的謝里曼擅長語言，平均大多以六個月的時間精通一種語言，據說他能以該語言書寫，或和當地的人溝通。他採取的是朗讀，直到將容易閱讀的短篇文章完全背下來為止的做法。

舉例來說，他在學習法語時，背誦《泰勒馬庫斯冒險記》和《保羅和維爾貞妮》。兩者的內容都很簡單，適合少年閱讀。

而他在學習希臘語時，找來現代希臘語翻譯版的《保羅和維爾貞妮》，和法語的原文比對背誦，然後開始學習古希臘語，反覆閱讀《伊利昂記》和《奧德修記》好幾次。

謝里曼擅長走最快、最短的捷徑，不要一開始就挑戰艱澀難懂的書籍，而是先完全吸收消化一本書，然後再去看自己想看的書。

短期間內建立自信

2.「連假迷你集訓學習法」

職棒選手在季賽之前會集訓，進行鍛鍊身體的訓練。學生有春假，所以能夠進行較長的春季集訓，但社會人可就不行這麼做了。

因此，**不妨利用包含補假在內的三天連假，為了短期密集學習而進行迷你集訓**。

若是一個人進行，容易因爲提升不了動機而受挫，所以建議和朋友一起，或者全家人堅決進行。

也可以和朋友一起爲了考證照而唸書。假如是和工作同事，也可以爲了新企劃或策略集訓想創意。以像福澤諭吉在適私塾努力學習荷語的心情，彼此互相切磋琢磨。

若是和家人一起進行，就要各自決定課題。

舉例來說，決定「下次放假進行單字集訓。一天要背一百個英文單字」。

「媽媽也要一起背一百個唷。」

「爸爸加倍，一天要背兩百個。我們一起加油吧。」

父母說單字，讓孩子回答意思。或者父母說意思，讓孩子回答單字。檢查孩子背起來多少，給予誇獎和鼓勵，帶著孩子一起努力，予以協助。

如果課題輕鬆，就失去了集訓的意義，所以要將目標稍微設高一點，差不多是在覺得要達成有點辛苦的程度。

若是一起奮鬥，看到彼此努力的身影，會覺得大家同甘共苦，所以即使過程中感到厭煩，快要挫敗時，鼓勵的話語也會具有說服力。

在迷你集訓中，掌握全神貫注於一件事的感覺很重要，所以比起仔細思考什麼的學習，**具有速度感地以量取勝的學習較為有效**。像是要背什麼、反覆練習，或者想出創意時，也不要管內容好壞，將目標設為能夠達成多少數量。

3.「臨陣磨槍學習法」

跑步過程中會非常痛苦，但若克服這種痛苦，身體就會忽然變得輕鬆；覺得不管再遠都能持續跑下去。我稱之爲「進入狀況」，若是持續學習，確實就會進入狀況。一下子突破瓶頸，再也不覺得那麼討厭或痛苦。

進入狀況之後，就能出乎意料之外地輕鬆持續。為了掌握這種進入狀況的感覺，我認為最好採用「臨陣磨槍學習法」。

學生時代，任誰都有過在考試前「臨時抱佛腳」的經驗。連平常不太想唸書的人，在這個時候也會卯起來唸。沒有閒工夫說什麼「精神遲遲無法集中」這種悠哉的話，只能和眼前的課題拚了！

「臨陣磨槍學習法」是指，以那種臨時抱佛腳的高度集中精神狀態持續做一件事，使不擅長的事也變擅長的方法。

覺得不擅長和討厭通常是焦孟不離的好兄弟。因爲覺得討厭而不去做，所以變得不擅長，結果不好，所以越來越討厭。爲了改變這種惡性循環，就要刻意集中精神，一頭栽進其中。

重點在於**不要拖拖拉拉地持續，而是劃分日期，以高度集中力去唸**。設定在幾天內要完成多少的目標，完成一定的量。如果是要背什麼，就一再反覆背誦，徹底銘刻在腦海中。

我認爲，**差不多「臨陣磨槍」兩週左右最恰當**。

其實，「連假迷你集訓學習法」是「臨陣磨槍學習法」的暖身版、迷你版。

臨時抱佛腳大多是一考完就馬上忘光光，但「臨陣磨槍學習法」是一背再背，所以若是打個比方，它不是稍微醃漬而已，而是眞正徹底醃到入味。

舉例來說，假設決定在兩週內背完一千五百個英文單字。

我曾將英文單字做成一百張3×5的表格，以三個、三個的節奏和位置記憶背英文單字（《齋藤式矩陣英文單字補習班——國中1500字》小學館），但我不是每天背一張表，而是一天背十張表，反覆背到背起來爲止。

我會以快速的節奏說日語、英語、日語、英語。一小時就能將一千五百個單字全部背完一遍，然後反覆。

過程中一定會感到厭煩，想要放棄。

但這時要咬緊牙根，一直繼續。如果心想「過了這一關就海闊天空了」，無論腦袋放空，速度變慢，或者腦袋中忘我地浮現單字，都要持續；會覺得八成沒有人像這樣死背單字，繼續背下去。

於是，一定會突破瓶頸。變得能夠平靜地持續。

這麼做兩週左右之後，就會從不擅長轉變成擅長。有過一次這種經驗之後，就不會再害怕。貫徹到底，會同時增加實力、自信，以及耐性。一頭栽進一件事具有這種意義。

臨陣磨槍學習法也可以用在讀書。挑幾本平常不看的領域的書，密集地埋首閱讀。

舉例來說，假設之前沒有讀過尼采，就一口氣徹底閱讀十多本尼采相關的書。從漫畫版的《查拉圖斯特拉如是說》這種低門檻的書著手，除了尼采的著作之外，讀許多尼采相關的書。看完十本以上時，會覺得自己非但不怕看尼采的書，而且會覺得自己「對尼采有點瞭解」。

輕輕鬆鬆下筆如流水

4.「拍紙簿活用法」

據說數學家——藤原正彥是不使用iPad的「拍紙簿」活用派。

> 數學家使用的紙大多是有橫線的A4紙。所以全世界的大學的數學系辦公室裡都準備了許多一本一百張的A4紙。（中略）
>
> 在日本的大學，紙的顏色都是白色，但在美國的密西根大學和科羅拉多大學則只有黃色。英國的劍橋大學也是黃色。因為國外的數學家簡稱它為pad，所以我也習慣如此稱呼。
>
> 數學家使用的拍紙簿的量非比尋常。因為不管思考什麼、如何嘗試計算，大多不會進展順利，白忙一場。越是雄心壯志的研究，越會失敗。失敗的計算可能在之後有幫助，所以會予以保存。計算失敗的拍紙簿會不斷增加。此外，為了預測某定理，也經常會針對實例進行龐大的計算。這也會記載於拍紙簿上，不見天日（中略）

> 數學家無論去哪裡都會隨身攜帶拍紙簿。像我去蜜月旅行時，也在包包裡放了拍紙簿，以便靈光一閃時能夠馬上拿出來寫。床鋪的枕頭底下也隨時備有拍紙簿。因為有時睡到一半會想到點子。興奮地以為是起死回生的全壘打而醒來，但睡得迷迷糊糊，無法判定得到的點子是否正確。於是，姑且先在拍紙簿上寫下來再說，到了早上再驗證。實際上，大多是毫無用處的點子，因而對於自己興奮到從床上跳起來感到丟臉，但偶爾也有出眾的點子，所以還是會感到興奮。
>
> 〈紙與我〉

爲了計算和做筆記，總是寫在拍紙簿上。而且是大量地書寫。即使計算失敗也不會丟棄，予以保存。

這麼一來，**對於寫在拍紙簿上不再「有所猶豫」；會以盡量先將浮現在腦海中的內容寫在拍紙簿上再說這種意識書寫**。

因爲認爲書寫等於想出某種崇高的點子、寫出美妙的文章，所以遲遲無法下筆，但如果認爲是在做筆記，就能下筆如水流。

我從三十歲出頭開始寫散文。因為我認為凡事始於在拍紙簿上寫下來，所以草稿一律都會寫在拍紙簿上。順序是先寫在拍紙簿上，然後充分推敲，再將完成的稿子謄到稿紙上。（同前）

藤原老師寫文章時，果然也會在拍紙簿上打草稿。

他基於「凡事始於在拍紙簿上寫下來」這個信念，寫文章時，始終會在拍紙簿上打草稿。

對於藤原老師而言是拍紙簿，那麼對你而言是什麼呢？

舉例來說，對於譯者——柴田元幸而言，那是「傳單背面」。

在和科學家——福岡伸一的對談中，他說道：

福岡：難得有這種機會，我就不客氣地問了，具體而言，您會以怎樣的步驟翻譯呢？

柴田：我今天帶了原稿來，我會先手寫原稿，內人用電腦替我key in，然後我再列印出來修改……反覆這個過程。另外，這是傳單背面。這種紙最好（笑）。我最愛

> 用最粗的水性原子筆寫在這上面。
>
> 〈記述世界的方法〉《Monkey Business》

我也是紙的背面活用派。**為了降低心理門檻輕鬆書寫，我會使用用過的紙的背面書寫**。而且還能有效活用會議的資料、書的校樣影本等越積越多的紙，盡情用力地寫。

透過電視迅速獲得啓發

5.「虛擬現場體驗學習法」

看「哈佛白熱教室」和「Actors Studio Interview」等節目，能夠享受「虛擬現場體驗」上課空間的樂趣。

日本的節目中，也有「寒武宮殿」「熱情大陸」「Professional」等紀實節目，報導許多以獨樹一格的方式活躍於該領域的專家。我經常透過看那種節目獲得啓發。

舉例來說，「寒武宮殿」中曾經專題報導位於山梨縣的精密機械工廠「A-One精密」的經營者——梅原勝彥。

「A-One精密」是一家製造精密機械的零件、工具所需零件的公司，梅原勝彥下了許多工夫，令人大開眼界。

「低價提供好產品」已是理所當然的事，那麼該以什麼贏過競爭者呢？他認爲：**無論如何要提早交貨**。別家公司花一週才能交貨，但是這家公司動作迅速，隔天就交貨。爲什麼能夠辦到這種事呢？

梅原勝彥指出，他們公司以傳眞接受訂單，訂貨傳票一律手寫。若是電腦，又是輸入，又是列印，要花時間，所以手寫快速許多。

公司內設置咻一下就能傳送傳票的空氣壓縮傳送機，接受訂單之後，一、兩分鐘以內就能開始製作。而且**事先準備好幾種已經完成七成的產品，只要再將半成品完成三成的加工即可**。

所以，能夠在接受訂單的那一天之內完成生產，當天發送，隔天交貨。

這並不是在做困難的事、創新的事，靠的反而是一種直覺。這告訴我們如今這個時代，細心地因應需求，反而能夠迅速做好事情。

令人佩服的不只這一點，據說他們公司如今仍然採用終身雇用、薪水按照年資計算這種昭和時期的家庭企業的經營原則，不曾開除過員工。大多數的員工都是有殼一族，住在自己的家，他們公司顧慮到員工住的需求，努力讓員工在退休之前能夠付完房貸。

我認爲，這是一間帶給員工幸福的公司。實際上，這位經營者在接受面訪時，從他身上散發出一股溫情，他的長相令人留下深刻的印象。他並非一心想著如何賺錢，包含人格在內，他的行事作風令人感動。

因爲是電視節目，所以應該做了不少剪輯。如果實際相處，說不定會覺得他有截然不同的另外一面。不過，如果沒有這種機會，就無從認識地方工廠的經營者。感覺錯過這次機會就沒有下次了。

採取這種生活方式的經營者的合理性、速度感、下決定的方法中，還是有許多值得學習、啓發人心的部分。

無論任何工作，迅速因應訂單、如何盡量提早交貨都是共通的課題。這是一個思考該怎麼做才能實現這一點的機會。

進步的邏輯是共通的。**我認為其中具有普遍的邏輯，試著當作自己的問題思考**。試著站在他的立場，思考換作是自己的話，能不能像這樣使用這種方法。

若是一面思考哪裡有對自己有幫助的啓發，一面看電視，電視節目也會變成非常有益的學習來源。

以自己的方式整理時事消息

6. 剪報學習法

從前剪報是整理資料的重要方法之一。

然而，如今與其讓剪報發揮資料庫的功能，不如上網搜尋更省功夫，剪報已經不合時宜了。

無論是新聞性、速度，報紙跟網路簡直沒得比。

如今，沒有訂報的獨居年輕人反而比較多。

我認爲，正因爲是這樣的時代，所以反而要逆勢而行，建議大家將「剪報」作爲學習法。因爲**自行剪貼報導這個行為具有非常強大的威力**。

如今的資訊以網路爲主，總是快速更迭。一發生什麼事，立刻就會傳播，新的資訊一進來就更新，馬上又報導另一則新的新聞，一轉眼間就成爲舊聞，遭人遺忘。一再剪貼寫在某處的內容，就搞不太清楚該資訊是從哪裡來的。

於是在得來全不費功夫的資訊洪流中，養成了蜻蜓點水式的閱讀習慣，看了這個資訊就忘了那個資訊。

有許多人因爲資訊太過豐富，反而不曉得該如何關心什麼才好。不知道如何拿捏比重，一切看過就算了。也不會記在腦海中或留在心中。不清楚對於自己而言，眞正有價值、重要的是什麼。自行判斷的能力減退了。

一旦有人說讚，大家就紛紛附和，我認爲，這種趨勢之所以變得更加嚴重，是因爲大家不再自行思考。

為了養成選擇取捨什麼對自己而言重要這種思考迴路，要試著剪報。

我請學生嘗試剪報。

每天從報紙當中剪下一則感興趣的報導，貼在剪貼簿的左邊，然後在右邊寫下爲何挑選這篇報導、有何感想、對此有何意見、建議等。

有許多學生一開始嫌麻煩，但久而久之，漸漸開始覺得有趣。光是每天思考「今天要挑哪一則報導呢？」就會提高對社會的關心。學生們的感想包括：爲了剪報，也開始看之前不看的版面的報導、也會瀏覽其他報紙、不同於隨便看一看電視或手機上的新聞，這麼做的印象較爲深刻。

這是非常過時的手工作業，但是透過選擇剪貼，**會覺得那篇報導成為自己的**。當剪報的資料越積越多，會對每一篇報導產生感情。

我在課堂上，請學生在一、兩分鐘之內，基於剪報的內容互相解說。這麼做之後，會對報導產生更深的感情，想要多知道一點、多告訴大家一點。

我稱這種做法爲「成爲池上彰！（譯註：日本的新聞工作家，從小立志成爲記者，興趣是剪報。）」企劃。

有過這種體驗之後，擷取資訊的方法會爲之一變；養成將報導內容納爲己有的觀點、挑選的技術。即使沒有一直持續，光是進行兩週左右就會出現效果。

要從報紙挑選、掌握什麼內容呢？

距今四分之一個世紀前，立花隆在《「知識」的軟體》中花一章的篇幅闡述該如何整理運用報紙的報導，他在書中強調，爲了活用知識結晶，該如何擷取報紙的報導資訊。這一點和如今沒有不同。

最重要的是要經常思考：是否有因應現實的分類，透過該分類，是否有一樣的現象看起來不一樣的新分類。

依照分類方式的不同，「一樣的現象看起來會不一樣」。換句話說，思考這一點是剪報中最重要的，這一點如今也一樣。

或者最近佐藤優在《國家的謀略》中，在〈所以專業的知識份子即使在網路時代也堅持要「剪報」〉這一章提到：

不要漫不經心地看報，而是做筆記或剪報，將重要事項烙印在腦海。報紙是一種不怎麼具有持續性的媒體，對同一件事的評論經常在半年左右之後變得完全相反。要一面思考為何會產生這種改變，一面整理資訊。另外，隨著網路普及，有越來越多人認為花時間剪報是在浪費時間，傾向於依賴資料庫，但我認識的一流資訊專家個個都親手剪報。因為這樣做會使資訊深植於腦海中。若是進行這項報紙研究三到六個月，就會大致瞭解研究的國家、組織的情形。

對於能夠思考如何運用報紙資訊的人而言，剪報學習法仍有可取之處。

建立自己的偏愛世界

7.「以剪報建構自己的世界」

植草甚一的散文《植草甚一剪貼簿》系列出版於一九七六年至八〇年。近年又再版，如今仍然受到讀者喜愛。

《植草甚一型態》中，對於剪報的魅力如此提到：

> 無論是雜誌或報紙，我會先撕掉不要的廣告。看似值得一看的報導則以前兩、三行判斷，陸續剪下。如此一來，會逐漸形成資料龐大的剪貼簿。透過剪報整理資訊，增加、累積知識。剪貼簿可以說是植草甚一的大腦資料庫。資料分門別類為電影、戲劇、美國小說、爵士、池波正太郎、黑人暴動等，令人感到他的興趣之廣。此外，他也保留了仔細收納信件和名片的剪貼簿。不過，說不定他非常喜歡剪貼整理這件事。

假如植草甚一是昭和時代的剪報狂，如今仍在繼續剪報的就是三浦純了。

人們是因爲他從雜誌剪下色情的女性照片彩頁，貼在「黃色剪貼簿」上，才知道他擁有爲數甚多的剪貼簿。他從一九七六年一直持續，在二〇一〇年五月的採訪中，他回答：「以色情爲主題的剪貼簿高達兩百四十本（笑）。」

這麼一來，令人質疑這是否堪稱學習法，但據說荒俣宏看到他的這種剪貼簿，贊嘆「這是文化史」。持之以恆會成爲一股力量。

三浦廣泛的收集癖好、五花八門的收藏世界已經非比尋常，像是「佛書」「觀光吉祥物」「收到會令人困擾的明信片」，種類不勝枚舉，**以自己的精選打造了自己的世界**。不過，這不同於把什麼收集齊全。覺得什麼有趣的觀點中，具有一種獨特性。

三浦亦是佛像、佛書的收集狂，他十分仔細地研究佛像，並畫在剪貼簿上。他對於佛教世界的造詣之深，可說是不同於學者、研究者的另一種學習產物。

他可能會主動去尋找，或者偶爾碰巧遇到，但那也是**因為他邊走邊注意，所以東西才會自己找上門**。就這樣不斷擴大自己的世界。

我認爲，**自己的世界不是指只局限於自己喜歡、感興趣的事物**；而是透過自己的關注和社會產生連結，就這種角度來說，三浦純的世界非常遼闊。

以簡單的方式吸收困難的理論

8.「聽取學問＆訴說學問」

竹田青嗣在《用來瞭解自己的哲學入門》（筑摩學藝文庫）中曾提到哲學中的「聽取學問」。

話說回來，我在唸書時不太清楚「即自」「對自」「投企」「自由」這些字的概念，但是透過和同學討論，以「聽取學問」的方式學會了它們。

書中提到：「我們透過聽取學問的概念，在不知不覺間互相向彼此表達原本無法表達它們的自己的內心，藉此得以和別人產生一種新的質的關係。」

而且書中介紹了這樣的故事。

讀哲學書的讀書會小組中，有一個從學生時代就不擅長唸艱澀的書的女性。她一看到玩弄哲學或現代思想的知識的男學生，就會抱怨：「我說你啊，不會用更容易讓人瞭解的用語訴說嗎？」她不擅長唸書，但與別人交談，創造各種話題倒是挺厲害的。

她在大學畢業後，參加了這個讀書會。她之所以參加讀書會，是因爲進公司之後，沒有能夠像學生時代一樣交談的對象，爲了尋找這種說話對象而加入了讀書會。

她依然不擅長唸書，並沒有讀透海德格和尼采的精髓，不過，海德格和尼采的「實存」「理解」「能在」「憤懣」「弱者、強者」「浪漫主義」「頹落」等用語卻非常適合她，於是她會在對話中自然地使用。

這些概念往往能夠適當地表達，自己在不瞭解它們時無法妥善說明的情感或心情。對於她而言，哲學果然是聽取學問的領域，但也拓展了她對自己的瞭解及人際關係。

從這個故事中，我想說的是以下這一段內容：

「當然，聽取學問或許無法深入地通盤瞭解哲學的世界，但比起成爲在生活中不會對她建立具體的人際關係有幫助的哲學知識商人，更會帶給人智慧。」

我認爲，學習的重點不是學到專業知識，最終的目的終究還是**透過學習，能夠將學到的事物運用在生活中，建立更好的人際關係，以及應用在生活方式**。

有些歐巴桑雖然會謙虛地說「我不會說什麼大道理」，但話語中字字珠璣，令人大吃一驚。那是因爲她們累積了人生經驗，從中學到了那些。

9.「多做幾輪必唸教材學習法」

經常有人令我不禁贊嘆：「這個人是數學天才！」有人的「大腦結構和一般人截然不同，讓人不想和他一起學習。」

但實際上，數學天才並不是到處都有，只是極少數。就大學而言，頂多是在東京大學的理III和京都大學的醫學系裡有幾個而已。

那麼，除此之外數學厲害的秀才是怎麼產生的呢？

我問他們「你是怎麼會的呢？」他們紛紛回答：

「我只是做了五輪、十輪問題冊而已。」

「沒錯沒錯，做十輪大致上就會了。」

他們會**找來「非唸不可」的問題冊，反覆解題五次、十次。他們會以「做了幾輪」形容**。

大家以令人無法置信的次數，反覆練習。

學習需要理解過程和熟練過程，兩者缺一不可。但是，要同時擅長於理解和熟練格外困難。

因爲理解快速的人會覺得「噢，我會了！」想要不斷地往下學習。因爲會了，所以不想一直在原地打轉。練習題麻煩死了，我不想做。一下子就能理解的人往往討厭反覆練習。

例題是用來理解的問題，而練習題是用來熟練的問題。**懂和會是兩回事**。

我本身是不擅長做枯燥的問題熟能生巧的人，所以我認爲，喜歡學習等於喜歡熟練。換句話說，不是理解很厲害，而是花精力熟練很厲害。

如果老師交代做十輪重要問題冊，能做十輪的人就會了。覺得自己不管做幾輪還是不會而放棄的人依舊不會。數學比較厲害的人經過一次又一次的練習，會變得熟練，所以越來越厲害。覺得「不擅長數學」的人越不會練習好幾輪。這就是現實情況。

熟練的過程如下：

第一輪的重點是理解。如果不懂，就看解答予以理解。如果解答中有不懂的地方，就請教老師。

第二輪也不會的話，可以邊看解答邊做。如果做了一次之後，請教老師不懂的地方理解了，任誰邊看解答邊做都會瞭解。

但是到了第二輪左右就會覺得煩了。這倒不是因爲之前做過，而是因爲題目看起來像是第一次看到。沒有之前解過題的記憶；會覺得「咦?!照理說之前做過一輪，爲何記憶會這麼模糊呢？」所以會對不會的地方感到不耐煩，或者覺得自己很沒用。

不過，就是因爲這樣，才「必須做五輪、十輪」。

「所以我不是一開始就叫你們做十輪了嗎？才做第二輪而已吧。做第二輪就說自己不適合學數學而絕望，簡直是莫名其妙。」

補習班的王牌數學老師八成會這麼說。

從第三輪開始進入熟練。如果不懂，也可以看解答。不過，只是稍微瞄一眼，讓自己想起來「噢，原來是這樣」。

如此一來，不看解答也會的問題會越來越多。第三輪會做的問題，到了第四輪之後就不會再錯。過了第五輪之後，做一輪的速度會變得相當快。總之，要反覆做到最後一輪。

數學是一門理解和學會之間有差距的科目，如果不做熟練練習，就無法學會。

不過，這和背科一樣，背單字時，背十輪單字冊就會大致上背起來。

不要把學會的目標設定在一、二輪。若將目標設定在後面，「如果做完十輪，全部答對的話就好了」，第三、四輪還不會就會覺得是理所當然的。

宮本武藏在《五輪書》中提到：「千錘百鍊。」即使腦袋明白，但在實戰中若做不到，就會命喪對手的刀下。

他反覆告誡自己：**「應當好好鍛鍊」**。

學習亦然。

就職考試時，曾經在體育社團撐過艱辛練習的人會受到主考官期待：這個人有毅力，所以在工作上應該也能努力到底。

之前確實是如此，但我最近對此感到些許懷疑。因爲有不少人在社團活動眞的能夠卯足全力，但這股力量在學習層面卻使不出來、無法運用在其他層面。

若是主考官期待應徵者具有不屈不撓的毅力，予以錄取，結果應徵者進公司之後碰到工作就說「因爲這跟社團活動不一樣，所以我辦不到」，豈不是造成職場中其他人的困擾？

那麼一來，對運動投注心血的眞正意義不就蕩然無存了嗎？

能夠將在社團中培養的能力，應用在工作、社會生活，或者家庭生活等所有層面，才是運用所學。無法應用就不算學會。

能夠在各種局面克服難關、**凡事能夠正面面對**。**養成這種精神才是學習的意義**。

並非能夠做到一件事就夠了，促使精神強韌這件事稱之爲「道」。學習必須促使精神強韌。

我並不是要勸大家將學習本身化爲自己的目的，愛上學習；而是希望大家成爲堅強、成熟的人。

無論是唸書、運動或學才藝，透過這些獲得強韌的精神，並且能夠廣泛地應用在許多事情上面才是最重要的。

國家圖書館出版品預行編目資料

這樣學習改變了我／齋藤孝著；張智淵譯．——初版——臺北市：大田，2013.04
面；公分．——（Creative；046）

ISBN 978-986-179-282-8（平裝）

521.1　　　　102005285

Creative 046

這樣學習改變了我

齋藤孝◎著
張智淵◎譯

出版者：大田出版有限公司
台北市 10445 中山區中山北路二段 26 巷 2 號 2 樓
E-mail：titan3@ms22.hinet.net
http：//www.titan3.com.tw
編輯部專線（02）25621383
傳眞（02）25628761
【如果您對本書或本出版公司有任何意見，歡迎來電】
行政院新聞局版台業字第 397 號
法律顧問：甘龍強律師

總編輯：莊培園
副總編輯：蔡鳳儀
編輯：林立文
行銷主任：張雅怡
行銷企劃：張家綺
校對：蘇淑惠／張智淵
印刷：上好印刷股份有限公司・（04）23150280
初版：2013 年（民 102）四月三十日
三刷：2013 年（民 102）八月十四日
定價：新台幣 250 元

國際書碼：ISBN 978-986-179-282-8 / CIP：521.1 / 102005285
Printed in Taiwan

廣 告 回 信	
台北郵局登記證	
台 北 廣 字 第 01764 號	

平 信

From：地址：＿＿＿＿＿＿＿＿＿＿＿＿＿＿＿

姓名：＿＿＿＿＿＿＿＿＿＿＿＿＿＿＿

To：**大田出版有限公司 （編輯部）收**

地址：台北市 10445 中山區中山北路二段 26 巷 2 號 2 樓

電話：(02) 25621383 傳真：(02) 25818761

E-mail：titan3@ms22.hinet.net

＊請沿虛線剪下，對摺裝訂寄回，謝謝！

大田精美小禮物等著你！

只要在回函卡背面留下正確的姓名、E-mail和聯絡地址，
並寄回大田出版社，
你有機會得到大田精美的小禮物！
得獎名單每雙月10日，
將公布於大田出版「編輯病」部落格，
請密切注意！

大田編輯病部落格：http：//titan3pixnet.net/blog/

智 慧 與 美 麗 的 許 諾 之 地

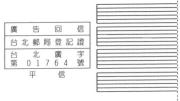

讀 者 回 函

你可能是各種年齡、各種職業、各種學校、各種收入的代表，
這些社會身分雖然不重要，但是，我們希望在下一本書中也能找到你。
名字／__________ 性別／□女 □男　出生／______年______月______日
教育程度／
職業：□ 學生□ 教師□ 內勤職員□ 家庭主婦 □ SOHO族□ 企業主管
□ 服務業□ 製造業□ 醫藥護理□ 軍警□ 資訊業□ 銷售業務
□ 其他 ____________________
E-mail/____________________ 電話／____________
聯絡地址：
你如何發現這本書的？　書名：這樣學習改變了我
□書店閒逛時________書店 □不小心在網路書站看到（哪一家網路書店？）________
□朋友的男朋友(女朋友)灑狗血推薦 □大田電子報或編輯病部落格 □大田FB粉絲專頁
□部落格版主推薦 ____________________
□其他各種可能 ，是編輯沒想到的 ____________________
你或許常常愛上新的咖啡廣告、新的偶像明星、新的衣服、新的香水……
但是，你怎麼愛上一本新書的？
□我覺得還滿便宜的啦！ □我被內容感動 □我對本書作家的作品有蒐集癖
□我最喜歡有贈品的書 □老實講「貴出版社」的整體包裝還滿合我意的 □以上皆非
□可能還有其他說法，請告訴我們你的說法

____
你一定有不同凡響的閱讀嗜好，請告訴我們：
□哲學 □心理學 □宗教 □自然生態 □流行趨勢 □醫療保健 □ 財經企管□ 史地□ 傳記
□ 文學□ 散文□ 原住民 □ 小說□ 親子叢書□ 休閒旅遊□ 其他 ____________
你對於紙本書以及電子書一起出版時，你會先選擇購買
□ 紙本書□ 電子書□ 其他____________________
如果本書出版電子版，你會購買嗎？
□ 會□ 不會□ 其他____________________
你認為電子書有哪些品項讓你想要購買？
□ 純文學小說□ 輕小說□ 圖文書□ 旅遊資訊□ 心理勵志□ 語言學習□ 美容保養
□ 服裝搭配□ 攝影□ 寵物□ 其他 ____________________
請說出對本書的其他意見：

大田出版有限公司編輯部 感謝您！

＊請沿虛線剪下，對摺裝訂寄回，謝謝！